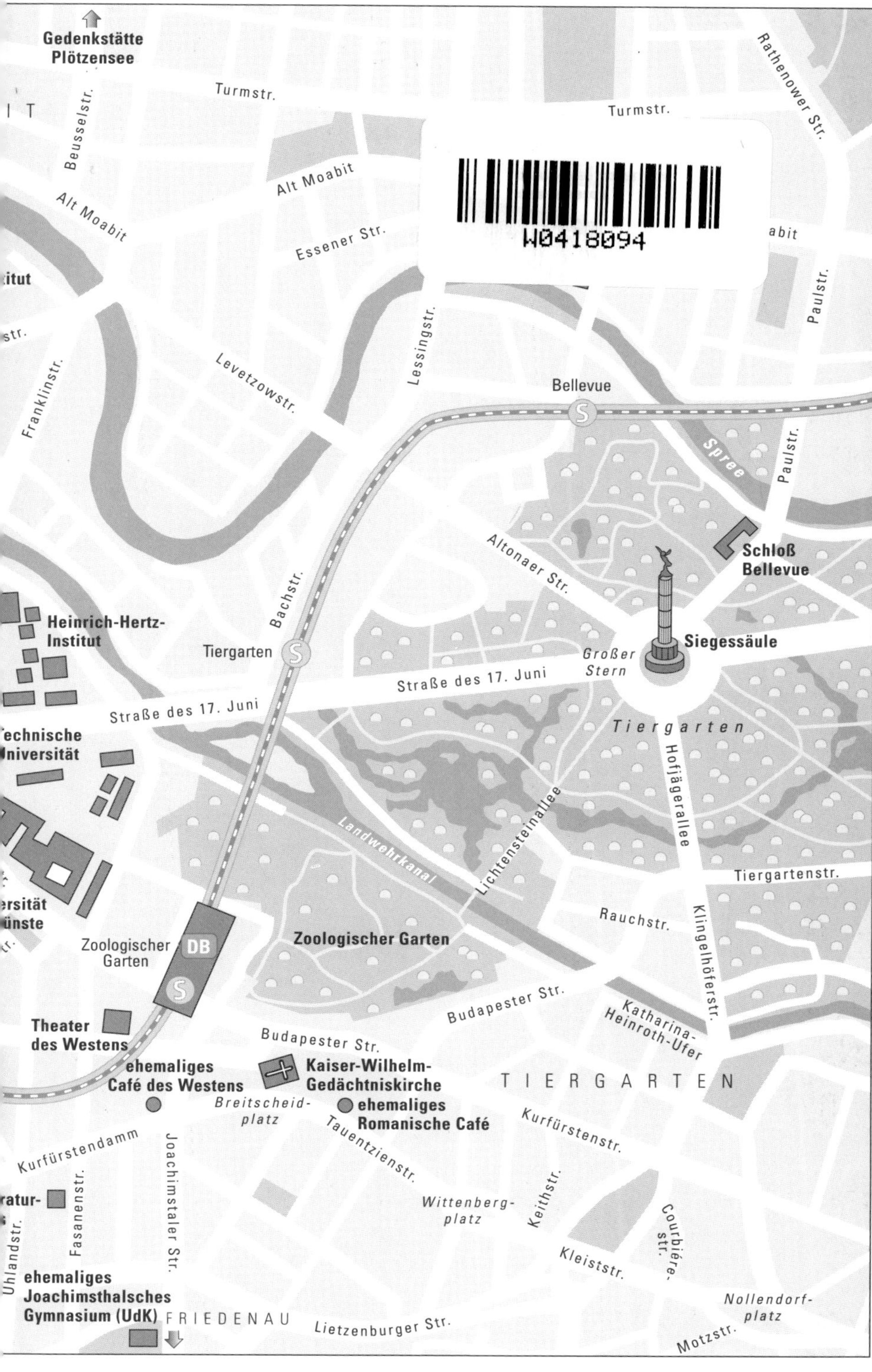
Gedenkstätte
Plötzensee
Turmstr.
Turmstr.
Rathenower Str.
Beusselstr.
Alt Moabit
Alt Moabit
Essener Str.
Paulstr.
Franklinstr.
Levetzowstr.
Lessingstr.
Bellevue
Spree
Paulstr.
Altonaer Str.
Schloß
Bellevue
Bachstr.
Heinrich-Hertz-
Institut
Tiergarten
Siegessäule
Großer
Stern
Straße des 17. Juni
Straße des 17. Juni
Tiergarten
Hofjägerallee
Landwehrkanal
Lichtensteinallee
Tiergartenstr.
Rauchstr.
Klingelhöferstr.
Zoologischer
Garten
DB
S
Zoologischer Garten
Budapester Str.
Katharina-
Heinroth-Ufer
Theater
des Westens
Budapester Str.
ehemaliges
Café des Westens
Kaiser-Wilhelm-
Gedächtniskirche
TIERGARTEN
Breitscheid-
platz
ehemaliges
Romanische Café
Tauentzienstr.
Kurfürstenstr.
Kurfürstendamm
Joachimstaler Str.
Fasanenstr.
Wittenberg-
platz
Keithstr.
Courbiére-
str.
Kleiststr.
Uhlandstr.
ehemaliges
Joachimsthalsches
Gymnasium (UdK)
FRIEDENAU
Lietzenburger Str.
Nollendorf-
platz
Motzstr.

Von Alex bis Zoo

Am besten lesen.
Am besten lesen.

Wolfgang Feyerabend

Von Alex bis Zoo

Literarische Orte in Berlin

Am besten lesen. *Am besten lesen.* *Am besten lesen.*

Umschlagabbildung: Berlin, Alexanderplatz. Blick aus der Königstraße nach Osten auf den Alexanderplatz mit der Berolina. Fotopostkarte, koloriert, um 1905 (Ausschnitt). © akg-images

Umschlaggestaltung: Peter Lohse, Heppenheim
Alle Abbildungen © Wolfgang Feyerabend
Stadtplan: © Peter Palm, Berlin

Die Deutsche Nationalbibliothek verzeichnet diese Publikation in der Deutschen Nationalbibliografie; detaillierte bibliografische Daten sind im Internet über http://dnb.d-nb.de abrufbar.

Der Lambert Schneider Verlag ist ein Imprint
der WBG (Wissenschaftliche Buchgesellschaft), Darmstadt.

Die Herausgabe des Werkes wurde durch
die Vereinsmitglieder der WBG ermöglicht.
Satz: Janß GmbH, Pfungstadt
Gedruckt auf säurefreiem und alterungsbeständigem Papier
Printed in Germany

Besuchen Sie uns im Internet: www.lambert-schneider-verlag.de

ISBN 978-3-650-23690-6

Elektronisch sind folgende Ausgaben erhältlich:
eBook (PDF): 978-3-650-71934-8
eBook (epub) 978-3-650-71935-5

Inhalt

„Bald war ich zu Hause in Berlin" – Eine literarische Topographie

Kaum ein anderer Ort in Deutschland ist so oft zum Gegenstand literarischer Darstellung erhoben worden wie Berlin. Waren es im 18. Jahrhundert zumeist Briefe, Tagebücher und publizistische Arbeiten, die von dem erwachenden Interesse zeugen, wurde die preußische Hauptstadt in der Epoche der Romantik allmählich auch zum Schauplatz des Erzählens, so etwa in E. T. A. Hoffmanns Geschichten „Das öde Haus" oder „Des Vetters Eckfenster". Der erste Berlin-Roman von Belang entstand demgegenüber erst spät, Mitte der 1850er Jahre. Es war „Die Chronik der Sperlingsgasse", mit der der 26-jährige Wilhelm Raabe sein Debüt gab und zum Shootingstar avancierte. Die Resonanz des Buches beschränkte sich freilich auf den deutschsprachigen Raum.

Der Aufstieg zur Reichshauptstadt rückte Berlin nicht nur politisch und wirtschaftlich, sondern, durch das Schaffen Theodor Fontanes, auch literarisch ins Zentrum Europas. Fast scheint es, als habe jedoch der übergroße Schatten, den sein Werk warf, die nachfolgende Autorengeneration zögern lassen, sich der Kapitale aufs Neue als Erzählhintergrund zu versichern. Heinrich Manns 1900 veröffentlichter Roman „Im Schlaraffenland" oder Georg Hermanns 1906 erschienener Roman „Jettchen Gebert" steht als Ausnahme von der Regel. Längst auch waren die Hoffnungen auf gesellschaftliche Veränderungen verflogen. Heinrich Mann blieb wenig mehr, als den Hauptstadtparvenüs den Zerrspiegel der Satire vorzuhalten, und Georg Hermann entführte seine Leser bezeichnenderweise aus dem wilhelminischen Berlin in das des Biedermeier.

Der enorme Fortschritt in Wissenschaft und Technik, die inzwischen alle Bereiche erfassende Industrialisierung oder der rasante Umbau der Stadt zu einem hochmodernen Gemeinwesen fand, gleichermaßen als Chance und Bedrohung ausgemacht, vor allem in den Gedichten der

Jugend Widerhall. Ein Lebensgefühl, das der russische Dichter Boris Pasternak, der 1906 als 17-Jähriger gemeinsam mit den Eltern auf seiner ersten Auslandsreise nach Berlin gekommen war, noch einmal im Abstand eines halben Jahrhunderts beschwor:

> *Alles war ungewöhnlich, alles ging anders vor sich. Als lebtest du nicht, sondern wärst in einem Traum, nähmst an einer erdachten, für niemanden verbindlichen Theatervorstellung teil. Niemanden kennst du, niemand hat dir zu befehlen. Eine lange Reihe aufschlagender und zuschlagender Türen die ganze Wand der Waggons entlang, zu jedem Abteil eine eigene. Vier Schienenwege über eine Ring-Estakade, die über den Straßen ragt, den Kanälen, den Rennställen und Hinterhöfen der Riesenstadt. Sich nachjagende, einholende, nebeneinanderlaufende und sich trennende Züge. Die sich verdoppelnden, kreuzenden, schneidenden Lichter der Straßen unter den Brücken, die Lichter der ersten und zweiten Etagen in der Höhe der Hocheisenbahnen, die mit bunten Lämpchen illuminierten Automaten der Bahnhofsbüfetts, die Zigarren, Süßigkeiten, Zuckermandeln auswarfen. Bald war ich zu Hause in Berlin, trieb mich in seinen zahllosen Straßen und grenzenlosen Parks herum, sprach deutsch, das Berliner Idiom nachahmend, atmete das Gemisch von Lokomotivendampf, Leuchtgas und Bierschaum, hörte Wagner.*

Die Abdankung des Kaisers 1918, die Errichtung einer parlamentarischen Demokratie und der damit verbundene Wegfall der Zensur verhalfen in den 1920er Jahren der Presselandschaft zu ungeahnter Blüte. Feuilletons und Reportagen spürten den Stimmungen der jungen Republik nach. Namen wie Joseph Roth oder Egon Erwin Kisch prägten sich ein. Mit Franz Hessel wurde der literarische Flaneur zum Begriff. Doch der moderne Großstadtroman ließ auf sich warten. Noch mussten der Alptraum des Ersten Weltkriegs und eine gescheiterte Revolution bewältigt werden.

Mit Alfred Döblins „Berlin Alexanderplatz" war es dann soweit. Das Buch erschien 1929 und wurde nicht nur ein Welterfolg, sondern gilt bis heute als der Berlin-Roman schlechthin. 1931 folgten „Käsebier erobert den Kurfürstendamm" von Gabriele Tergit und „Fabian" von Erich Kästner. Das Jahr 1932 brachte gleich drei signifikante und ebenfalls wieder in der Hauptstadt spielende Werke hervor: „Das kunstseidene

Mädchen“ von Irmgard Keun, „Kleiner Mann – was nun?“ von Hans Fallada und „Herrn Brechers Fiasko“ von Martin Kessel.

Dieser zum Jahresende auf den Markt gebrachte Roman geriet indes, noch bevor er überhaupt Wirkung zeitigen konnte, schon in die Mühlen der nationalsozialistischen Kulturpolitik. Die braunen Machthaber ließen alles, was ihnen als „Asphaltliteratur“ galt, lauthals verbieten oder stillschweigend in der Versenkung verschwinden. Die maßgeblichen Bücher, auch jene die Berlin zum Hintergrund haben, entstanden fortan im Exil, darunter Döblins „Pardon wird nicht gegeben“ oder Klaus Manns „Mephisto“.

Zu den wenigen Romanen von Rang, die unter dem NS-Regime das Licht der Öffentlichkeit erblickten, zählt Jochen Kleppers „Der Vater“. Ein auf den ersten Blick unverfängliches Buch, das in die Epoche Friedrich Wilhelms I., des „Soldatenkönigs“ führt, aber eben das Bild eines sich immer wieder vor Gott verantwortenden und religiös toleranten Herrschers zeichnet. Der überraschende Erfolg, sogar beim deutschnationalen Publikum, ließ an höchster Stelle die Alarmglocken schrillen. Der Autor, der außerdem mit einer Jüdin verheiratet war, wurde aus der Reichsschrifttumskammer ausgeschlossen, womit ihm jede Möglichkeit genommen war, sich weiterhin literarisch zu betätigen.

Nach dem Ende des Zweiten Weltkriegs und der Nazi-Diktatur lag Berlin wie die meisten deutschen Großstädte in Trümmern, sah sich aber darüber hinaus in drei Westsektoren und einen Ostsektor geteilt. Nicht aus der Rumpfstadt, sondern aus Hamburg, Köln und München, kamen denn auch jene Erzählwerke, die dem Deutschland der unmittelbaren Nachkriegszeit eine literarische Stimme gaben und sich mit Namen wie Wolfgang Borchert, Heinrich Böll oder Wolfgang Koeppen verbinden.

Der Mauerbau von 1961, später die Studentenrevolte lenkten die Aufmerksamkeit wieder auf Berlin. Die Erzählungen „Der geteilte Himmel“ von Christa Wolf und „Zwei Ansichten“ von Uwe Johnson erschienen. 1969 kam der Roman „Örtlich betäubt heraus“, in dem sich Günter Grass nach der „Danziger Trilogie“ erstmals in seiner Epik einem aktuellen Thema und Westberlin als vorrangigem Schauplatz zuwandte. Bereits ein Jahr zuvor hatte Günter de Bruyn den in Ostberlin spielenden Roman „Buridans Esel“ veröffentlicht. Ab den 1970er Jahren nahm die Zahl der Erzählwerke stetig zu, die das Leben in der einen oder anderen Stadthälfte oder die Teilung selbst reflektierten.

Mauerfall und Wiedervereinigung sowie der schwierige Prozess des Zusammenwachsens, der hier, anders als in der ost- und westdeutschen Provinz, hautnah zu erleben war und noch zu erleben ist, gestalteten sich auch für die Literatur zur Herausforderung. Antworten ließen nicht lange auf sich warten. Von Julia Franck über Reinhard Jirgl bis hin zu Ulrich Peltzer liegen inzwischen viel beachtete Romane vor.

Der vorliegende Band versteht sich als Wegweiser durch die literarische Topographie der Stadt. In alphabetischer Reihenfolge werden Straßen, Plätze, Viertel und Baulichkeiten vorgestellt, die seit dem 18. Jahrhundert bis heute Eingang in Romane und Erzählungen, Essays und Feuilletons, Reiseberichte und -briefe, Tagebücher und Lebenserinnerungen gefunden haben. Autorinnen und Autoren des In- und Auslandes, namhafte wie vergessene, kommen in ausgewählten Texten zu Wort. Nicht alle bewahrten sich ein so freundliches Andenken wie Boris Pasternak. Einige schieden enttäuscht, verbittert, im Zorn. Zeit und Umstände gestatteten nichts anderes. Kalt gelassen indes hat Berlin nur wenige.

Von Alexanderplatz bis Zoologischer Garten

Ackerstraße

Rosenthaler Vorstadt (Mitte)
U-Bhf. Rosenthaler Platz (U8)
» Einkehrtipp: Pizzeria Ristorante Papà Pane di Sorrento, Ackerstraße 23

Acker-, Berg- und Brunnenstraße entstanden im Zuge einer Kolonistensiedlung, die König Friedrich II. ab 1753 für Handwerker aus dem Voigtland anlegen ließ. Diese für den Ausbau der Residenzstadt angeworbenen Fachleute pflegten winters in ihre Heimat zurückzukehren, womit der an sie ausgezahlte Lohn regelmäßig dem Wirtschaftskreislauf in Preußen entzogen wurde. Abhilfe sollte ihre dauerhafte Ansiedlung schaffen. Anfangs Neu-Voigtland genannt, erhielt das Viertel später den Namen Rosenthaler Vorstadt. Seit Ende des 18. Jahrhunderts zeichnete sich indes eine Entwicklung ab, die das zuvor hoch subventionierte Quartier vor dem Hamburger und Rosenthaler Tor zusehends zu einer Gegend der Stadtarmut machte.

Mit Eltern und Geschwistern verschlug es Erwin Geschonneck 1908 aus dem ostpreußischen Bartenstein hierher. In der Ackerstraße 6/7 wuchs er auf und erinnert sich in seinem Buch „Meine unruhigen Jahre“:

Das Stettiner Karree, die Umgebung des damaligen Stettiner Bahnhofs, die Invalidenstraße und auch die Ackerstraße waren in den zwanziger Jahren Brutstätten der Prostitution. Der billigste Strich war hier zu Hause. Das Gebäude in der Ackerstraße, in dem wir wohnten, besaß sieben Aufgänge mit drei Höfen. Im vierten Quergebäude befanden

Hinterhof Ackerstraße 6/7

sich die „Borussia-Festsäle". Diese Festsäle in unserem Haus spielten eine nicht zu unterschätzende Rolle in meinen Kindheitsfreuden [...]

Unter unserer Wohnung in der Ackerstraße wohnte ein Ehepaar, und die Frau ging auf den Strich. Wir Kinder zählten immer die Herren und passten auf, wie lange sie sich bei der Dame des Hauses aufhielten. Einmal gab es einen furchtbaren Krach. Sie hatte einen Mann sehr lange bei sich. Der Ehemann kam nach Hause, und wahrscheinlich aus Eifersucht ging er mit der Axt auf den Liebhaber los. Er schlug vor der Wohnungstür auf ihn ein. Noch Monate danach sah man einen großen Blutfleck an der Wand im Treppenflur.

Der Sohn eines Flickschusters sammelte Ende der 1920er Jahre erste Erfahrungen als Schauspieler in Agitprop-Gruppen und trat 1931 in einer Szene des Arbeiterfilms „Kuhle Wampe" erstmals vor die Kamera. 1933 emigrierte er in die Sowjetunion, nach Polen und zuletzt in die Tschechoslowakei. Dort wurde er beim Einmarsch der deutschen Wehrmacht verhaftet und in die Konzentrationslager Sachsenhausen, Dachau und Neuengamme verschleppt. Beim Untergang der „Cap Arkona", mit der noch in den letzten Kriegstagen tausende von Häftlingen verlegt werden sollten, um ihre Befreiung durch die heranrückenden Alliierten zu verhindern, gehörte er zu den wenigen Überlebenden. Nach dem Krieg spielte er unter Ida Ehre an den Hamburger Kammerspielen und wechselte 1949 an Brechts Berliner Ensemble. Aber nicht als Theater-, sondern als Film- und Fernsehschauspieler wurde er in der DDR ein Star. Zu den künstlerisch anspruchsvollsten Streifen, in denen er mitwirkte, zählen „Nackt unter Wölfen", „Karbid und Sauerampfer" und „Jakob der Lügner" – der einzige DEFA-Film übrigens, der eine Oscar-Nominierung erhielt. Erwin Geschonneck starb im März 2008, wenige Monate nach seinem 101. Geburtstag.

Alexanderplatz

Königstadt (Mitte)

S- und U-Bhf. Alexanderplatz (S3, S5, S7, S75 / U2, U5, U8)

» Besichtigungstipp: Berliner Fernsehturm, Panoramastraße 1

» Einkehrtipp: Bar und Restaurant, ebd.

Einst vor den Toren der Stadt gelegen und Ochsenmarkt genannt, erhielt der Alexanderplatz 1805 anlässlich des Besuches von Zar Alexander I. seinen heutigen Namen. Mit dem Bau der Stadtbahntrasse, der Inbetriebnahme des Straßenbahnnetzes und der Eröffnung der U-Bahn entwickelte sich das ehemalige Vorstadtareal im späten 19. und frühen 20. Jahrhundert zum Verkehrs-, Geschäfts- und Vergnügungszentrum des Berliner Ostens. Weltbekannt wurde der „Alex", wie er bei den Berlinern kurz und bündig heißt, durch Alfred Döblins Romanepos „Berlin Alexanderplatz".

Wir schreiben das Jahr 1929. Franz Biberkopf, Held des Romans, ist erst vor einigen Monaten aus dem Gefängnis entlassen worden, wo er wegen Totschlags eine 4-jährige Haftstraße abgesessen hat. Regelmäßig muss er sich nun auf dem Polizeipräsidium am Alexanderplatz melden. Ausgerechnet, befinden sich doch hier und in den umliegenden Straßen all jene Lokale, die er fortan besser meiden sollte.

Die Alexanderquelle ist dickvoll, es ist Freitag, wer Lohn hat, geht mal einen heben, Musik, Radio, am Ausschank vorbei schieben sich die Bullen, der junge Kommissar spricht mit einem Herrn, die Kapelle hört auf: Aushebung, Kriminalpolizei, alles kommt mit zum Präsidium. Sie sitzen um die Tische, lachen und lassen sich nicht stören, sie schwatzen weiter. Ein Mädel schreit und weint zwischen zwei andern im Gang: Ick bin doch da abgemeldet, und die hat mir noch nich gemeldet, na dann bleibste eben ne Nacht da, was ist denn dabei, ich geh nicht mit, ich lass mir von keinen Grünen anfassen, bloß kein Blaukoller, Sie, davon ist noch keiner gesund geworden. Lassen Sie mir doch raus, wat heißt hier raus, wenn Sie dran sind, können Sie raus, der Wagen ist eben erst weg, dann könnt ihr mehr Wagen einstellen, zerbrechen Sie sich bloß nicht unsern Kopf. Ober, eine Pulle Sekt zum Beenewaschen.

Der vorbestrafte Zement- und Transportarbeiter Franz Biberkopf hat sich und der Welt geschworen, anständig zu bleiben. So lange er noch etwas Geld besitzt, geht auch alles gut. Aber eine ordentliche Arbeit, von der er leben kann, ist nicht zu finden. Zwangsläufig landet er im alten Milieu.

Mit der Wahl des Alexanderplatzes und benachbarter Viertel als Schauplatz seines Buches befand sich Döblin auf vertrautem Grund und Boden. Hier war er aufgewachsen. Hier hatte er die Gemeindeschule besucht. Und hier praktizierte er später als Kassenarzt.

Der 1929 erschienene Roman, in dem er sich ganz neuer literarischer Mittel wie des inneren Monologs, des Bewusstseinstroms oder der dem Film entlehnten Montagetechnik bediente, wurde ein Bestseller und schon bald in alle großen Sprachen übersetzt. Zwei Jahre später verfilmte Piel Jutzi den Stoff mit Heinrich George in der Hauptrolle. An Originalschauplätzen gedreht, stellt der Streifen heute ein einzigartiges Dokument dar. Denn nach der kompletten Umgestaltung des Platzes zu DDR-Zeiten erinnern nur noch die von Peter Behrens 1930/31 errichteten Gebäude des Alexander- und des Berolinahauses an die städtebauliche Situation vor dem Krieg.

Unmittelbar nach dem Ende der Naziherrschaft besuchte Döblin noch einmal die Stadt, aus der er als Jude und Linksintellektueller vertrieben worden war. Heimisch wurde er in Berlin nicht mehr.

Alexandrinenstraße

Luisenstadt (Kreuzberg/Mitte)
U-Bhf. Prinzenstraße (U1)

Die Alexandrinenstraße, ursprünglich Feldstraße, wurde 1847 nach Prinzessin Alexandrine, der Tochter von König Friedrich Wilhelm III. und seiner Gemahlin Luise, benannt, nachdem bereits vier Jahre zuvor der nördliche, jenseits der Oranienstraße gelegene Straßenabschnitt diesen Namen erhalten hatte. Vom beschaulichen Vorstadtrevier wandelte sich das Viertel in den Gründerjahren nicht nur zu einem der am dichtesten besiedelten Wohnquartiere Berlins, sondern auch und vor allem zu einem „Stadtteil der Arbeit".

Auf den Grundstücken Alexandrinenstraße 2/3 wurde 1895/96 nach Plänen von Alfred Messel und Martin Altgeld ein Gewerbehofkomplex im Neorenaissancestil errichtet, der die Stürme der Zeit überdauert hat und inzwischen aufwändig saniert wurde. 1897 begann der 16-jährige Victor Klemperer – er war auf eigenen Wunsch vom Gymnasium abgegangen – eine Lehre als Kaufmann in dem damals hier ansässigen Exportgeschäft Löwenstein & Hecht. In seiner Autobiographie „Curriculum vitae" erinnert er sich:

Vorderhand füllte mich der neue Beruf vollkommen aus, und ich war beinahe vollkommen glücklich. Die Arbeit, nicht ganz mechanisch und eintönig, aber doch ohne jeden Anspruch an den Geist, machte mir Vergnügen. Und wie gesagt: Ich war auch stolz auf sie. Ich wurde ja nun Kaufmann, ich spürte dies Werden ganz deutlich. Ich trieb mit dem Ausland Handel, ich leistete bezahlte Arbeit – fünfzehn Mark eigenverdientes Geld! –, ich ging nicht mehr am Gängelband der Familie. Gewiß, zehn Stunden waren eine lange Arbeitszeit, und gegen Mittag und gegen Abend ermüdete ich […]

Aber die ersten Monate im Geschäft waren wirkliche Honigmonde. Ein besonderes Vergnügen bereiteten mir die gemeinsamen Frühstückspausen. Unten an der Ecke der Gitschiner Straße lag eine Destille, aus der ich regelmäßig beim Vorbeikommen ein dünnes und kläglich verstimmtes Klavier schrillen hörte. Wenn Karl das Bier für Rudolf und sich von dort holen ging, nahm er auch Bestellungen des Personals an.

Die Destille lieferte Wurstbrote, Heringe, Bouletten, Rollmöpse. Oft kamen die Herren vom Kontor ins Lager herüber, man saß auf Kisten, es gab ein allgemeines Gespräch. Bisweilen, wenn ich morgens mit dem Aufstehen getrödelt und nicht mehr ausreichend Zeit zu einer ordentlichen Kaffeemahlzeit gehabt hatte, langte mein mitgebrachtes Frühstück nicht zu, und ich ließ mir von Karl eine zusätzliche Buttersemmel besorgen.

Bald schon empfand der Sohn eines Rabbiners und Cousin des späteren Dirigenten Otto Klemperer jedoch, dass der Kaufmannsberuf ihn schwerlich ausfüllen werde. Er brach die Lehre ab, holte das Abitur nach und studierte Philosophie, Romanistik und Germanistik. 1920 wurde er an den Lehrstuhl für Romanistik der Technischen Universität Dresden berufen. Von den braunen Machthabern aus dem Hochschuldienst entlassen, schrieb er zunächst an seiner „Geschichte der französischen Literatur im 18. Jahrhundert" weiter, musste aber auch diese Arbeit einstellen, als Juden der Zugang zu Archiven und Bibliotheken verboten wurde. So begann er mit der Niederschrift seiner Lebenserinnerungen und führte Tagebuch, in dem er die Erfahrungen mit dem alltäglichen Faschismus festhielt.

Victor Klemperer, lange Zeit geschützt durch seine nichtjüdische Ehefrau, die Pianistin Eva Schlemmer, sollte noch 1945 deportiert werden, wozu es durch die Bombardierung Dresdens und das daraufhin ausbrechende Chaos indes nicht mehr kam. Mit „LTI. Notizbuch eines Philologen" brachte er 1947 eine profunde Sprachanalyse des Dritten Reiches heraus. Aus dem Nachlass erschienen ab 1995 seine Tagebücher, die weltweites Interesse fanden.

Alt-Moabit

Moabit (Tiergarten)
U-Bhf. Turmstraße (U9)

Seinen Namen erhielt der Ort vermutlich von den Hugenotten, die Friedrich Wilhelm I. um 1716 in dem Gebiet zwischen der heutigen Straße Alt-Moabit und der Spree ansiedelte. Das französische Terre de Moab leitet sich von dem biblischen Land ab, in dem die Juden nach dem Auszug aus Ägypten erste Zuflucht fanden. 1861 wurde die im Nordwesten Berlins gelegene Vorstadt eingemeindet und während der Gründerjahre zu einem Arbeiterquartier ausgebaut.

In dem 1932 erschienenen Roman „Kleiner Mann – was nun?" von Hans Fallada finden hier der Held Johannes Pinneberg und seine Frau Emma, genannt Lämmchen, endlich eine eigene Unterkunft, nachdem sie seit ihrer Ankunft in Berlin beengt bei Pinnebergs Mutter in der Spenerstraße 92 gewohnt hatten. Ihr neues Domizil in der Straße Alt-Moabit liegt praktisch um die Ecke:

Sie gehen die Spenerstraße hinauf, fest ineinander eingehängt, dann nach Alt-Moabit hinein.

„'ne Wohnung", murmelt er, „'ne richtiggehende Wohnung für uns ganz allein."

„'ne ganz richtige Wohnung ist es ja nicht", sagt Lämmchen bittend. „Krieg bloß keinen Schreck."

„Du kannst einen aber auch foltern!"

Also da liegt ein Kino, und neben dem Kino gehen sie durch einen Torgang und kommen auf einen Hof. Es gibt zwei Arten von Höfen, dies ist die andere, mehr ein Fabrik- und Lagerhof. Eine funzlige Gaslaterne brennt und beleuchtet ein großes Tor, zweiflügelig, wie zu einer Garage. „Möbellager von Karl Puttbreese" steht daran.

Lämmchen deutet irgendwohin in den dunklen Hof. „Da ist unser Klo", sagt sie.

„Wo?" fragt er. „Wo?"

„Da", sagt sie und zeigt wieder. „Die kleine Tür dahinten."

„Ich glaube immer, du verklappst mich."

„Und hier ist unser Aufgang", sagt Lämmchen und schließt die Garagentür mit dem Namen Puttbreese auf.

„Ach, nee", sagt Pinneberg.

Es ist ein großer Lagerschuppen, in den sie eintreten, vollgepfropft mit alten Möbeln. Das kümmerliche Licht der kleinen Taschenlampe verliert sich nach oben in einem grauen Sparrengewirr mit Spinnweben.

„Ich hoffe", sagt Pinneberg atemholend, „dies ist nicht unser Wohnzimmer."

„Dies ist Herrn Puttbreeses Lager. Herr Puttbreese ist Tischler und handelt nebenbei mit alten Möbeln", erklärt Lämmchen. „Paß auf, ich

zeige dir alles. Siehst du, da hinten, die schwarze Wand, sie reicht nicht bis zur Decke, da müssen wir oben rauf.“

„So“, sagt er.

„Das ist nämlich das Kino, du hast doch das Kino gesehen?“

Von der Wohnung ist durch den nachträglichen Einbau des Kinos im Haus nur eine Art Verschlag übrig geblieben, zu dem statt einer Treppe, eine Leiter hinaufführt. Baupolizeilich gesperrt, vermietet der schlitzohrige Puttbreese die Behausung denn auch nur unter der Hand. Immerhin für stolze vierzig Mark. Gerade einmal zweihundert brutto verdient Pinneberg im Konfektionshaus Mandel. Die Geburt des ersten Kindes steht an. Es reicht hinten und vorne nicht. Und Pinnebergs Job als Verkäufer ist in diesen krisenhaften Zeiten alles andere als sicher.

Die Moabiter Gegend kannte Fallada aus eigener Anschauung. Nachdem er von Ernst Rowohlt eine Anstellung in dessen Verlag angeboten bekommen hatte, zog er 1930 mit seiner Frau Anna, die, wie Lämmchen, ein Kind erwartete, aus Neumünster nach Berlin und kam in zwei Zimmern der Calvinstraße 15a unter.

Mit dem psychologisch stimmigen und atmosphärisch dichten Roman über das Schicksal eines kleinen Mannes in der Weimarer Republik fand der 39-Jährige internationale Beachtung und rechtfertigte damit das in ihn gesetzte Vertrauen des Verlegers, das keineswegs als selbstverständlich gelten konnte. Zwar hatte er bei Rowohlt mit dem Roman „Der junge Goedeschal“ sein literarisches Debüt gegeben, aber das war lange her. Inzwischen lagen Jahre des Alkohol- und Drogenmissbrauchs, der Entziehungskuren sowie zwei Haftstrafen wegen Unterschlagung hinter ihm.

Endlich schien sein Leben in Ordnung gekommen zu sein. Doch die Zeiten waren nicht danach. Im April 1933 wurde der politisch Sorglose denunziert und mehrere Tage inhaftiert. Ende des Jahres verließ er den Dunstkreis Berlins und übersiedelte mit der Familie in das mecklenburgische Dorf Carwitz, wo er ein Haus erworben hatte. Hier entstanden die Romane „Wer einmal aus dem Blechnapf frißt“ und „Wolf unter Wölfen“. Zermürbt von den Presseattacken auf ihn und seine Bücher, begann er wieder zu trinken. Finanziell suchte er sich mit Unterhaltungsromanen über Wasser zu halten. Daneben schrieb er seine Erinnerungen nieder und verfasste mehrere Kinderbücher. Erst nach dem Krieg brachte er sich mit dem Roman „Jeder stirbt für sich allein“ noch einmal als großer zeitkritischer Erzähler in Erinnerung.

Anhalter Bahnhof

Askanischer Platz
Kreuzberg
S-Bhf. Anhalter Bahnhof (S1, S2, S3)
» Einkehrtipp: Stadtklause, Bernburger Straße 35

Nur noch der stehen gebliebene Portikus erinnert heute an den im Zweiten Weltkrieg zerstörten und in den 1960er Jahren abgerissenen Fernbahnhof, der nach Plänen von Franz Heinrich Schwechten erbaut und 1880 eingeweiht worden war. Die 170 m lange und 60 m breite Bahnsteighalle verfügte weltweit über eine der größten Spannweiten. Als Konstrukteur hatte der nachmals als Schriftsteller bekannt gewordene Heinrich Seidel verantwortlich gezeichnet. Vom Anhalter Bahnhof fuhren Züge in den Süden Deutschlands und nach Südeuropa.

1911 kam der 20-jährige Schauspieler Fritz Kortner hier an und machte sofort Bekanntschaft mit der Berliner Schlagfertigkeit, an die er in seinen 1959 erschienenen Lebenserinnerungen „Aller Tage Abend“ eine Betrachtung knüpfte:

Bei der Gepäckaufbewahrung mußte ich warten, denn der Streit zweier Berliner hemmte den Ablauf. Sie zankten darum, wer von beiden eher dran war. Der eine war ein lauter Kesser mit wattierten Schultern. Der andere hatte das, was man eine Berliner Schnauze nennt. „Geben Sie nicht an wie ‚ne offne Selters“, kam wie nichts aus seinem Mund und dann: „Ick hole Ihn'n die Watte aus'm Anzuch, dann sin Se die längste Zeit Amerikaner gewesen.“ – Das schlug bei mir ein! Ich vernarrte mich lebenslang in eine Mundart, die von Humor, Formulierungskraft strotzte, die durch eine Situation wie der Blitz fuhr, die mit einem Zungenstich Aufgeblähtes aufpiekt, so daß die Blähluft entweicht und der Angegriffene dann wie „bestellt und nich abjeholt“ dasteht. Der Berliner Zungenschlag schnalzt, knallt, schlägt zu und trifft zielsicher alles Großgetue und Kraftmeierische. Wenn der Berliner sagt: „Ick hau dir gegen die Wand, daß du auf der anderen Seite als Relief erscheinst“, so will er den Gegner auf dessen wirkliches Maß reduzieren, aber gleichzeitig macht er sich über die eigene Kraftprotzerei lustig. Wenn während des Zweiten Weltkrieges der Hitler auf dem Plakat mit seinem drohend vorgereckten Zeigefinger der vorgestreckten Hand, den Betrachter aufspießend, mahnend feierlich fragte: „Und was tust du für dein Land?" – ein Berliner als Antwort kritzelte: „Ick zittre", dann gebührt diesem unbekannten Berliner ein Erinnerungsmal wie dem Unbekannten Soldaten.

Fritz Kortner hatte nach der Schauspielausbildung in Wien 1910 ein erstes Engagement in Mannheim angetreten, von wo ihn bereits ein Jahr später Max Reinhardt nach Berlin holte. Der eigentliche künstlerische Durchbruch gelang ihm jedoch erst nach dem Ersten Weltkrieg, als er von Leopold Jessner ans Staatstheater am Gendarmenmarkt verpflichtet wurde und in dessen expressionistischen Inszenierungen brillierte. Zunehmend wirkte er seit dieser Zeit auch in Filmen mit. Schon 1932 verlegte der wegen seiner jüdischen Herkunft von den Nazis Angefeindete seinen Wohnsitz in die Schweiz. Über verschiedene Stationen emigrierte er später nach England und schließlich in die USA. 1947 kehrte er nach Deutschland zurück und avancierte mit Inszenierungen an den Münchener Kammerspielen oder dem Berliner Schiller-Theater zu einem der bedeutendsten Theaterregisseure der Nachkriegszeit.

Dem Anhalter Bahnhof hat sich auch Julia Franck gewidmet. In ihrem Roman „Die Mittagsfrau" entsteigen hier die Heldin und ihre Schwester dem Zug:

Die Einfahrt in die Stadt und bald darauf in den Anhalter Bahnhof entlockte ihnen leise Ausrufe des Staunen. Wer konnte sich Berlin vorstellen, seine Größe, die vielen Passanten, Fahrräder, Droschken und Automobile? Glaubten sich Martha und Helene nach dem Dresdner Bahnhof bestens gewappnet für die Metropole, hielten sie sich nun gegenseitig an kalten und schwitzigen Händen fest. Durch die geöffneten Fenster drang ohrenbetäubender Lärm aus der Bahnhofshalle ins Innere des Zuges. Die Reisenden drängten aus den Abteilen auf den Gang und strebten den Türen zu, von draußen hörte Helene das Pfeifen und Rufen der Gepäckträger, die schon vom Bahnsteig her laut ihre Dienste feilboten. Eine Panik überfiel die Mädchen, sie fürchteten, nicht recht-

zeitig aus dem Zug zu gelangen. Martha stolperte beim Aussteigen und verhedderte sich mit ihrem Mantel, so dass sie von der letzten Stufe auf den Bahnsteig halb rutschte, halb fiel. Sie landete auf allen Vieren. Helene musste lachen und schämte sich.

Helene Würsich, die seit ihrer Geburt von der Mutter abgelehnt wird, ist zusammen mit ihrer älteren Schwester von Bautzen aus aufgebrochen, um im Berlin der „goldenen Zwanziger" ihr Glück zu machen. Tante Fanny, eine wohlhabende jüdische Verwandte, bietet ihnen Logis.

Und zunächst genießt Helene die Freiheiten der Großstadt, lebt ihre Gefühle aus, verliebt sich, ehe der Untergang der Weimarer Republik, der Machtantritt der Nazis und später der Zweite Weltkrieg sie in den Strudel der Ereignisse reißt und ihr Leben von Grund auf verändert.

Julia Franck, in Berlin-Lichtenberg geboren und in Schleswig-Holstein sowie im Westteil der Stadt aufgewachsen, erhielt für ihren inzwischen in mehr als dreißig Sprachen übersetzten Roman 2007 den Preis des Deutschen Buchhandels.

Bahnhof Friedrichstraße

Friedrichstraße/Georgenstraße
Dorotheenstadt (Mitte)
S- und U-Bhf. Friedrichstraße (S1, S2, S3, S5, S7, S25, S75 / U6)
» Einkehrtipp: Ganymed Brasserie, Schiffbauerdamm 5

Für den im Zusammenhang mit dem Bau der Stadtbahntrasse errichteten Bahnhof zeichnete der Architekt Johannes Vollmer verantwortlich; die Planung der Viaduktstrecke lag in den Händen des Ingenieurs Ernst Dircksen. 1882 in Betrieb genommen, wurde der Bahnhof bald Gegenstand der literarischen Darstellung. In Theodor Fontanes Romanen „Mathilde Möhring" und „Effi Briest" spielt er ebenso eine Rolle wie in Heinrich Manns Roman „Der Untertan". Auch Lesser Ury, der 1887 nach Berlin kam und die Großstadt in seinen Bildern zum Thema machte, reizte dieses Motiv. Den Maler lässt Franz Joachim Behnisch in seinem Roman „Eislauf. Neunzehn Kapitel aus dem versunkenen Vineta" am Rande auftreten:

Bahnhof Friedrichstraße. Zwischen Passanten mit Pelerinen und Muffen, Blumenverkäuferinnen im Umschlagtuch, Zylinderhüten, lackroten Gepäckträgermützen und Ballonkappen steht ein Mann im Havelock und betrachtet die Szenerie, als wolle er sie auswendig lernen. Vielleicht tut er das sogar, der Maler Lesser Ury, ein Beschwörer des Augenblicks. Dem Zufall und dem schnellen Vorüber entnimmt er die Droschken mit den hohen zierlichen Rädern und den spiegelnden Dächern. Zwei Züge, die gerade über die Eisenbahnbrücke fahren, der eine in Richtung Erkner, der andere in der Gegenrichtung, hält er für die Zukunft fest. Dem Lokomotivenqualm, der von einer Bö nach unten gedrückt wird, gibt er, ihn verwandelnd, seine Fortsetzung in dem Hutputz einer Dame, läßt ihn als Boa zerfasern. Fräulein mit Kind, ein Träger, ein Paar, der Ladendiener Krumme mit Paketen eilen weit ausschreitend den Fahrkartenschaltern zu, fast im Gleichschritt, automatenhaft. Krumme kennt Herrn Ury, hat ihm schon öfter Wein und Delikatessen geliefert, wenn Lesser zu einem Fest geladen hat in sein Atelier am Nollendorfplatz.

„'n Abend, Herr Professor!"

„Sehn Se mal diese Spiegelungen, diese Bewegungen!"

Bogenlampen, Gaslaternen, Lichter der Pferdebahn, Schneeflocken im Widerschein – immer kleinere leuchtende Kreise. Ury registriert die Brückenwölbung, das runde Bahnhofsdach, Hüte, Gesichter, eine Normaluhr, prüft alles Winklige: Wagen, Fenster, Koffer, Geschäftsauslagen, Pfeiler. Daraus wird er ein fesselndes Spiel der Rundungen und der Quadrate entwerfen.

Franz Joachim Behnisch ist bis heute einer der Unbekannten in der deutschen Literatur. In Berlin geboren und aufgewachsen, begann er 1939 mit dem Studium der Germanistik, das er nach dem Zweiten Weltkrieg und der Rückkehr aus russischer Gefangenschaft in München fortsetzte. Beinahe drei Jahrzehnte war er als Gymnasiallehrer im oberpfälzischen Weiden tätig. Nebenher entstand sein literarisches Œuvre, das Romane, Erzählungen, Hörbilder, kurze Prosa und Gedichte umfasst. „Eislauf" (1983), dessen Erscheinen er nicht mehr erlebte, trägt die Züge eines Schelmenromans und umspannt die Zeit von 1870 bis 1945. Wie schon die beiden anderen Romane „Rummelmusik" (1966) und „Nicht mehr in Friedenau – eine Vater-Sohn-

Beschwörung“ (1982) spielt auch dieses Buch in der Stadt seiner Kindheit, die ihn zeitlebens nicht losließ.

Bahnhof Zoologischer Garten

Hardenbergplatz/Jebenstraße
Charlottenburg
S- und U-Bhf. Zoologischer Garten (S3, S5, S7, S75 / U2, U9)

Der 1882 eingeweihte Haltepunkt der Stadtbahn wurde zwei Jahre später zum Fernbahnhof erweitert und rückte in der Folge zum wichtigsten Verkehrsdrehkreuz des Berliner Westens auf. Ab 1902 konnte zusätzlich die U-Bahnstation eröffnet werden. Bedingt durch den Mauerbau erfüllte der Bahnhof Zoo nach 1961 die Funktion des Hauptbahnhofs für Westberlin.

In der wiedervereinigten Stadt beobachtete Jakob Hein an dieser Stelle einheimische und Hamburger Reisende und machte sich, niedergelegt in der „Gebrauchsanweisung für Berlin“, so seine Gedanken:

> *Einst stand ich auf dem Bahnhof Zoo, wartete auf meinen Zug nach Hamburg, und wie üblich hatte die Bahn uns allen einige zusätzliche Minuten des Wartens geschenkt. Zufällig hatte ich mich vor den Wagenstandsanzeiger hingestellt, also jener Tafel, der man entnehmen kann, an welcher Stelle im kommenden Zug der Speisewagen und wo die Erste Klasse zu finden sein wird. Da solche Tafeln in Deutschland außerordentlich beliebt sind, hatte ich das Gefühl, dass nahezu alle meine zukünftigen Mitreisenden dieser Tafel ihre Aufwartung machten. Mir fiel auf, wie problemlos ich die Bewohner Berlins von denen Hamburgs unterscheiden konnte. Die Hamburger trugen adrette Haarschnitte, durchaus praktische, wenn auch hochwertige und geschmackvoll arrangierte Kleidung und Koffer, die man so auch in das Schaufenster eines Taschenladens hätte stellen können. Die Berliner dagegen hatten wuselige Haare, trugen irgendwelche Kleidung, die sie aus dem Schrank gezerrt hatten, und nicht eine einzige ihrer Taschen wäre noch auf einem Flohmarkt verkaufbar gewesen.*

Dieser Reiseführer bietet zwar keinen Wegweiser zu den Sehenswürdigkeiten der Stadt oder ihren angesagten Vergnügungstempeln und

Shopping-Meilen (nicht einmal das Geheimnis, wer die besten Kartoffelbrötchen backt, wird gelüftet), dafür aber erhalten Anfänger und Fortgeschrittene in Sachen Berlin, über den bloßen Augenschein hinaus, eine Vorstellung davon, wie die Metropole klingt, schmeckt, riecht, sich anfühlt – kurzum: tickt.

Jakob Hein, Sohn des Schriftstellers Christoph Hein und der Filmregisseurin Christiane Hein, studierte Medizin und gehört seit 1998 der „Reformbühne Heim & Welt“ an. 2001 erschien sein Debütband „Mein erstes T-Shirt“. Neben Büchern mit Erzählungen und Kurzprosa hat der promovierte Mediziner inzwischen drei Romane vorgelegt, zuletzt „Liebe ist ein hormonell bedingter Zustand“.

Bebelplatz

Friedrichstadt (Mitte)
U-Bhf. Französische Straße (U6)
» Einkehrtipp: Operncafé Unter den Linden, Unter den Linden 5

Die Anlage des Platzes geht zurück auf die ehrgeizigen Architekturvorhaben von Friedrich II., der bereits wenige Monate nach seiner Thronbesteigung im Mai 1740 die Arbeiten für das Forum Fridericianum in Angriff nehmen ließ. Die Entwürfe lieferte Georg Wenzeslaus von Knobelsdorff. 1743 wurde als erstes Gebäude das Opernhaus fertig gestellt und vier Jahre später der Grundstein für die Errichtung der katholischen St. Hedwigs-Kirche gelegt. Nach dem Siebenjährigen Krieg, in dem alle Bautätigkeit ruhte, zog sich Friedrich nach Potsdam zurück und verlor weitgehend das Interesse an Berlin als Residenzstadt, so dass die Pläne für die repräsentative Platzanlage nur in abgespeckter Form zur Ausführung kamen. Als letzter Bau entstand 1775–81 die Königliche Bibliothek.

Ausgenommen das Opernhaus, ging Johann Friedrich Reichardt nicht gerade gnädig mit dem architektonischen Ensemble um. In einem Beitrag für die von ihm ab 1796 herausgegebene Zeitschrift Deutschland schrieb er:

Das Opernhaus, das in den ersten Jahren der Regierung dieses Königs von einem Herrn von Knobelsdorff gebauet wurde, ist bei weitem das schönste. Es ist von ganz reiner Architektur im edelsten Stile. Wenn sein Innres dem Äußern entspricht, so muß es eines der schönsten Theater in der Welt sein. Die Kolonnade beim Haupteingange ist in dem Sinne jener von dem Pantheon in Rom gedacht; aber nur, wie der alte König in seiner Lobrede auf den Baumeister sehr richtig und fein bemerkt, nur nach ihr gedacht und entworfen, nicht kopiert.

Unwillig sieht man in der Nähe dieses schönen edlen Gebäudes die höchst geschmacklose neue Bibliothek. Ihre Fassade gleicht einer der geschmacklosesten Kirchen in Rom, die sich auch in der Nähe des herrlichen Pantheons befinden. Ich besinne mich in diesem Augenblick ihres namenlosen Namens nicht, es ist aber die einzige Kirche mit einer solchen eingedrückten Fassade, die ich in Rom glaube gesehen zu haben. Und abscheulich wär' es, wenn jene schimpfliche Nachbarschaft, – vielleicht vermittelst eines römischen Bilderbuches, – auch diese unnatürliche Zusammenpaarung hervorgebracht hätte! Daß die Fassade der Bibliothek einer altfränkischen Kommode ähnlich sieht, muß jedem einfallen [...]

Zwischen diesen beiden heterogenen Gebäuden steht im Hintergrunde die katholische Kirche, die beim ersten Anblick angenehm genug wirkt; aber durchaus keine nähere Untersuchung leidet. Das Verhältnis der Kuppel zu dem untern Gebäude ist gänzlich verfehlt: und die eingemauerten Säulen am Eingange erinnern nur wieder an die rotunda zu Rom, um von dieser Kirche schnell wegzusehen.

Reichardt, der als Geigenvirtuose von sich reden gemacht hatte, war 1775 als königlicher Kapellmeister an den preußischen Hof berufen worden. Eine Anstellung, die ihn wegen des Kunstverständnisses seines Brotherrn, der Neuerungen in der Musik zunehmend ablehnend begegnete, allerdings nur wenig befriedigte. Ausgleich suchte er im Komponieren und in der Arbeit als Musikschriftsteller. Daneben entfaltete er eine ausgedehnte Reisetätigkeit, die ihn in beinahe alle großen europäischen Metropolen führte. Da er mehr oder weniger offen mit der Französischen Revolution sympathisierte, wurde er schließlich von Friedrichs Nachfolger, Friedrich Wilhelm II., aus dem königlichen Dienst entlassen. Als Liedkomponist wie auch als Musiktheoretiker, Publizist und Begründer der Berlinischen Musikalischen Zeitung erwarb er sich bleibende Verdienste.

Der Opernplatz wurde 1947 nach August Bebel, dem Mitbegründer der Sozialdemokratischen Partei, umbenannt. Auf dem Platz erinnert das von dem Künstler Micha Ullmann geschaffene und in den Boden eingelassene Mahnmal an ein düsteres Datum deutscher Geschichte: den 10. Mai 1933, an dem die von den Nazis inszenierte Bücherverbrennung stattfand.

Berliner Mauer

Bernauer Straße
Rosenthaler Vorstadt (Mitte/Wedding)
S-Bhf. Nordbahnhof (S1, S2, S25)

Von der Berliner Mauer existieren nur noch einige wenige zusammenhängende Abschnitte, so die EastSideGallery an der Friedrichshainer Mühlenstraße, nahe dem Ostbahnhof, und der als zentrale Gedenkstätte der Stadt dienende Streifen an der Bernauer Straße. Hier befinden sich auch das Dokumentationszentrum und die Versöhnungskapelle.

Versöhnungskappelle, Bernauer Straße

Auf Anweisung der SED-Führung waren in der Nacht vom 12. zum 13. August 1961 die Zugänge nach Westberlin abgeriegelt worden. An der generalstabsmäßig geplanten und bis zuletzt streng geheim gehaltenen Aktion hatten Nationale Volksarmee, Polizeikräfte und Betriebskampfgruppen teilgenommen. Die mit Zäunen, Panzersperren und Stacheldraht verbarrikadierte Demarkationslinie wurde in den Wochen und Monaten danach durch eine massive Mauer ersetzt. Aber auch nach Errichtung der Grenzanlagen kam es immer wieder zu Fluchtversuchen in den Westen, bei denen bis zum Mauerfall am 9. November 1989 mehr als 130 Menschen den Tod fanden.

Dem Leben mit der Mauer und den Verheerungen, die sie hüben wie drüben in den Köpfen anrichtete, spürte Peter Schneider 1982 in seiner Erzählung „Der Mauerspringer" nach:

Auf dem Westberliner Stadtplan läßt sich die Mauer kaum finden. Nur ein zartes, rosa gestricheltes Band zerteilt die Stadt. Auf dem Ostberliner Stadtplan hört die Welt an der Mauer auf. Jenseits des schwarz umrandeten, fingerdicken Trennstrichs, den die Zeichenerklärung als Staatsgrenze ausweist, beginnt die Geographie. So sah die märkische Tiefebene vielleicht zur Zeit der Völkerwanderung aus. Der einzige Hinweis auf die Existenz einer Mauer findet sich unter dem Stichwort „Sehenswürdigkeiten": dort wird auf die Reste der historischen Stadtmauer von Berlin aufmerksam gemacht, in der Nähe der alten Klosterkirche.

Als ich nach Berlin zog, wurde die neue Mauer gerade fertiggestellt. Nachdem der erste Schrecken vorbei war, verdünnte sich das massive Ding im Bewußtsein der Westdeutschen immer mehr zur Metapher. Was jenseits das Ende der Bewegungsfreiheit bedeutete, wurde diesseits zum Sinnbild für ein verabscheutes Gesellschaftssystem. Der Blick nach drüben verkürzte sich zu einem Blick auf die Grenzanlagen und schließlich zum gruppentherapeutischen Selbsterlebnis: die Mauer wurde den Deutschen im Westen zum Spiegel, der ihnen Tag für Tag sagt, wer der Schönste im Lande ist. Ob es ein Leben gab jenseits des Todesstreifens interessierte bald nur noch Tauben und Katzen.

Allerdings ist da noch Herr Kabe, arbeitslos, Sozialhilfeempfänger, wohnhaft in Kreuzberg, der sich mit dem unsäglichen Bauwerk nicht abfindet. Politik interessiert ihn dabei nicht, sondern nur der kürzeste Weg zwischen A und B, weshalb er wieder und wieder die Mauer von West nach Ost überwindet. Fünfzehn Mal insgesamt. Ein schwejkscher Querulant, dem nicht einmal die Einweisung in eine Ostberliner psychiatrische Klinik Einhalt zu gebieten vermag. Das Buch, das in der DDR zu den unerwünschten Druckerzeugnissen gehörte, bot indes auch Zündstoff in der Bundesrepublik, wo man sich, ungeachtet aller Sonntagsreden, längst mit der Teilung arrangiert hatte.

Der gebürtige Lübecker Peter Schneider studierte an der Freien Universität und wurde einer der Wortführer der 68er Studentenbewegung. Mit seiner 1973 veröffentlichten Erzählung „Lenz", einer modernen Version der Büchner-Novelle, machte er sich rasch einen Namen als Schriftsteller. Neben Erzählungen, Romanen und Essays schrieb er Drehbücher für Filme von Reinhard Hauff und Margarethe von Trotta.

Bismarckstraße

Wannsee (Zehlendorf)
S-Bhf. Wannsee (S1, S7)

- Besichtigungstipp: Grabmal Heinrich von Kleist, Bismarckstraße 5
- Einkehrtipp: Chopin Schlesisches Restaurant, Wilhelmplatz 4

Vor dem Ersten Weltkrieg gab es in der Spreemetropole und ihren später eingemeindeten Vororten 21 Bismarckstraßen, 1 Bismarckallee und 8 Bismarckplätze, was nicht unbedingt von Einfallsreichtum zeugt, aber doch einen tiefen Blick in die Abgründe der Berliner Seele gestattet, die sich noch heute viel auf ihre Respektlosigkeit gegenüber den Mächtigen zugute hält. Immerhin hat sich die Zahl der Straßen und Plätze, die an den Reichskanzler erinnern, seither auf 11 verringert. Das lässt hoffen – für andere Berufsgruppen.

In die am Kleinen Wannsee gelegene Bismarckstraße führt der Roman „Efraim" von Alfred Andersch. Der Titelheld, seines Zeichens Journalist und inzwischen britischer Staatsbürger, hatte wegen seiner jüdischen Herkunft als junger Mann Nazi-Deutschland verlassen müssen. Anlässlich einer Reportage über die Kuba-Krise kehrt er 1962 erstmals wieder in seine Geburtsstadt zurück und nimmt die Gelegenheit wahr, das ehemalige Haus seiner Eltern aufzusuchen:

Ich verlasse den Park, gehe die Bismarckstraße weiter, Gartenzäune aus eisernen Stäben, Hecken dahinter, ich kann wenig von den Häusern und Gärten sehen, auch das war schon immer so […] In den meisten Gärten der Bismarckstraße wucherten die Bäume und Sträucher langsam die Häuser zu; meine Mutter gehörte zu den wenigen Frauen, die dagegen ankämpften. Sie pflegte ihren Garten. Nummer 12. Ich gehe daran vorbei, und das, obwohl sich so gut wie gar nichts verändert hat. Trotzdem erkenne ich Garten und Haus im ersten Moment nicht wieder, so wieder, daß es mir einen Schlag versetzt hätte. Ich bleibe nur an der Gartenpforte stehen und blicke auf das Haus am Ende des Wegs, der noch immer mit den Steinplatten gepflastert ist, über die ich fünfzehn Jahre lang gegangen bin. Rechts davon stehen die Jasminbüsche; sie sind kaum höher als in meiner Jugend, offenbar hat man sie von Zeit zu Zeit beschnitten, ihr Blattwerk ist jetzt dünn und gelblich. Der Rasen daneben ist nicht so gut gehalten wie damals, und es gibt keine Rosenbeete mehr an seinen Rändern, aber dafür Astern, an allen möglichen Stellen angepflanzt […] Meine Mutter zog auch Astern, aber nicht hier, sondern im Garten hinter dem Haus, der sich zum Wasser hinabzieht. Ein schönes Grundstück, auf dem das Haus steht. Mein Vater hat es 1912 bauen lassen, von einem konservativen Architekten, der einen hohen Giebel darauf setzte.

Georg Efraim, der befremdet das politische und soziale Leben im Berlin des Kalten Krieges beobachtet, auf latenten Antisemitismus stößt und, betrogen von seiner Frau, seinerseits ein Liebesverhältnis anknüpft, entschließt sich, den Journalistenberuf an den Nagel zu hängen und Schriftsteller zu werden.

Der 1967 veröffentlichte Roman über eine Lebenskrise sollte das erfolgreichste Buch von Alfred Andersch werden. Im selben Jahr erhielt er auf Vorschlag der Dichterin Nelly Sachs den von ihr gestifteten Nelly-Sachs-Preis für sein Gesamtwerk.

Der gebürtige Münchner war unter dem Nazi-Regime wegen seiner leitenden Funktion im kommunistischen Jugendverband Bayerns kurzzeitig inhaftiert und später zur Wehrmacht eingezogen worden, aus der er 1944 desertierte. Nach dem Zweiten Weltkrieg arbeitete er als Redaktionsassistent Erich Kästners an der Neuen Zeitung in München und gab 1946/47 gemeinsam mit Hans Werner Richter die Zeitschrift Der Ruf heraus. 1952 erschien sein autobiographischer Bericht „Die Kirschen der Freiheit", in dem sich bereits das zentrale Thema seines Schaffens vorweggenommen findet: die Flucht aus einer Welt des totalitären Zwangs als Möglichkeit freier Willensentscheidung. 1974 veröffentlichte er den Roman „Winterspelt", der zu den wichtigsten Erzählwerken der deutschen Nachkriegsliteratur überhaupt gerechnet werden muss.

Brixener Straße

Pankow

U-Bhf. Vinetastraße (U2)

Ab Anfang des 20. Jahrhunderts begann die Erschließung dieses an den Prenzlauer Berg grenzenden, aber schon zu Pankow gehörenden Terrains. Ebenso wie die Brixener Straße verweisen auch die anderen Straßennamen des Quartiers auf Orte in Tirol, weshalb sich die Bezeichnung Tiroler Viertel einbürgerte. In seinem Roman „Junge Frau von 1914" lässt Arnold Zweig hier den Studenten und angehenden Schriftsteller Werner Bertin wohnen.

Der Briefträger Schmielinsky ordnete auf seinem abendlichen Bestellgang im Eingang des Hauses Brixener Straße 6 mit geübten Fingern seine Post. Ein „Einschreiben" oben an den Maler, zwei Feldpostbriefe an die Dame im dritten Stock, einer davon unheilverkündend amtlich; eine Ansichtskarte für die lustige Köchin bei Zimmermanns, und unter anderer Durchschnittsware für den Studenten, Hochparterre rechts, der Gestellungsbefehl. Schmielinsky betrachtete ihn mit stillem Haß. Auch ihm, gedientem Mann, blühte, wer weiß wie bald, solch ein Wisch, da ja die Herren Abgeordneten, die reichen Leute und die kleinen Sparer der Regierung die zweite Kriegsanleihe nur so hingepfeffert hatten. Neuntausendachtzig Millionen Mark – neun Milliarden! Alle wollten also, daß es weiterging. Da ließ sich nichts machen.

Der Student hier schien seine Wohnung zweimal gewechselt zu haben. „Der wird sich freuen", murmelte Schmielinsky. Womöglich muß der morgen früh in der General-Pappkartonstraße antreten." (Die General-Pape-Straße nämlich, in der sich die roten Kästen der Bezirkskommandos erhoben, war vom Berliner Witz so umgetauft worden, weil die Eingezogenen ihre Zivilkleider in Pappkartons nach Hause sandten.) Der junge Mann war daheim, öffnete selbst, hörte von dem Briefträger die Worte: „Antreten zur Polonaise", empfing das amtlich gefaltete Papier, schien um einen Schein blasser zu werden, sagte höflich: „Danke sehr" und schloß die Tür.

Im Mittelpunkt des erstmals 1931 veröffentlichten Buches, dessen Handlung unmittelbar vor dem Ausbruch des Ersten Weltkrieges einsetzt, steht die Bankierstochter Leonore Wahl. Sie und Bertin haben sich verlobt, aber Zeit und Umstände erlauben es den beiden nicht, ihre Liebe auszuleben. Dennoch gibt Leonore nicht auf. Sie sagt ihrer Familie ebenso den Kampf an wie den überkommenen gesellschaftlichen Moralvorstellungen und dem Krieg, der ihr den Geliebten entführt.

Arnold Zweig hatte bereits 1912 mit den „Novellen um Claudia" auf sich aufmerksam gemacht und drei Jahre später für das Theaterstück „Ritualmord in Ungarn" den begehrten Kleist-Preis erhalten. Unter dem Eindruck des Ersten Weltkrieges, an dem er als Soldat teilnehmen musste, konzipierte er in den 1920er Jahren eine Roman-Trilogie, die sich nach und nach zu einem epischen Großwerk, dem sechsbändigen Zyklus „Der Krieg der weißen Männer", ausweiten und ihn bis weit nach dem Zweiten Weltkrieg beschäftigen sollte. Gleich der erste Roman, „Der Streit um den Sergeanten Grischa" (1927), trug ihm internationalen Ruhm ein.

Als Jude und entschiedener Pazifist emigrierte er 1933 zusammen mit seiner Frau, der Malerin Beatrice Zweig, über die Tschechoslowakei und Südfrankreich nach Palästina. 1948 kehrte er nach Deutschland zurück und ließ sich in Ostberlin, in der Niederschönhausener Homeyer Straße 13, nieder, wo er seinen Roman-Zyklus beendete und die letzten beiden Bände „Die Feuerpause" und „Die Zeit ist reif" schrieb. Noch aus der Zeit des Exils datieren „Erziehung vor Verdun" und „Einsetzung eines Königs".

Bundesministerium der Finanzen

Wilhelmstraße 97

Friedrichstadt (Mitte)

U-Bhf. Mohrenstraße (U2)

» Besichtigungstipp: Dokumentationszentrum Topographie des Terrors, Niederkirchnerstraße 8

An der Leipziger- und Wilhelmstraße entstand 1935/36 das für Hermann Göring bestimmte Reichsluftfahrtministerium. Der ausgedehnte Komplex mit rund 2000 Zimmern wurde der erste „Großbau im Dritten Reich" und von den braunen Machthabern dementsprechend propagandistisch ausgeschlachtet. Der Kunst- und Kulturkritiker Paul Westheim ließ sich von all dem nicht blenden und schrieb 1937 in einem Aufsatz für die Neue Weltbühne:

Der Architekt Sagebiel, der das Berliner Luftfahrtministerium bauen durfte, hat aus dem Kasten mit den ewig gleichen, kasernenmäßigen Fensterreihen rechts und links noch je einen Flügel herausgezogen. Dem Geschmack des auf dekorativen Aufputz versessenen Bauherrn entsprechend, wurden die wie sonst flachen Wände noch reich dekoriert, beispielsweise mit dem ‚größten Wandrelief der Welt', sechsundvierzig Meter lang […] Die unentbehrlichen Säulenreihen wurden bei dieser Fassung des Schemas zwischen den beiden Flügeln angebracht, aus dem Hof wurde damit ein ‚Ehrenhof' […]

Dieser Säulenfimmel der hitlerdeutschen Staatsbaukunst hat drei Gründe (wenn wir von dem absehen, was mit Freud zu begründen wäre):

Erstens: Mangel an architektonischer Gestaltungskraft. Dementsprechend ängstliche Scheu, sachlich auf eine Aufgabe einzugehen. Folge: statt Baukörper Architekturersatz; öde, nach stets dem gleichen Schema zurechtgemachte Wände. Damit dieser ‚Karton' nach überhaupt etwas aussieht, wird er reichhaltigst mit Säulenreihen bespickt.

Zweitens: reklametechnische Erwägungen. Sozusagen ‚Fabrikmarke' Wie gewisse Trikotagekonzerne in ihre Badetrikots eine Badenixe oder einen Drachen einweben lassen, damit am Badestrand jeder gleich weiß: ‚Aha, Marke Soundso', so soll jeder, der solch neumodische Säu-

lenreihe zu Gesicht bekommt, gleich im Bilde sein: ‚Aha, Made in Germany, Fabrikat Adolf Hitler'.

Drittens: kleiner Mann. Die Säule, das Großartigste, was die griechische Antike gehabt hat, das Renommierteste, was es auf dem Gebiet der Baukunst überhaupt gibt, das bauen wir direkt auch. Eigenes Haus mit eigener Säule, ganz groß kommt man sich damit vor, geradezu erhaben.

Paul Westheim hatte in Darmstadt und Berlin Kunstgeschichte studiert und seit 1905 für die Frankfurter Zeitung gearbeitet. Von 1917 bis 1933 war er als Herausgeber der Zeitschrift Das Kunstblatt tätig, die im Gustav Kiepenheuer Verlag erschien.

Mit seinem vehementen Einsatz für die Avantgarde, insbesondere die Expressionisten, rückte er zu einem der einflussreichsten Kunstkritiker und -schriftsteller der Weimarer Republik auf. Neben Überblicksarbeiten zur deutschen Kunst verfasste er Monographien über Künstler wie Oskar Kokoschka und Wilhelm Lehmbruck. Gemeinsam mit Carl Einstein gab er 1925 den „Europa Almanach" heraus, in dem Dichter, Maler und Musiker der europäischen Moderne zu Wort kamen. Als Jude und Linksliberaler musste er 1933 aus Deutschland fliehen. In Mexiko, dessen Staatsbürgerschaft er später annahm, begann er sich intensiv mit der Kunst seines Gastlandes zu beschäftigen. Zu den Früchten dieser Zeit gehört das Buch „Die Kunst Alt-Mexikos". 1963 kehrte er noch einmal zu Vorträgen in sein geliebtes Berlin zurück, wo er 78-jährig an einem Schlaganfall starb.

Während des Volksaufstandes von 1953 wurde das in der DDR-Zeit als Haus der Ministerien genutzte Gebäude zu einem Brennpunkt des Geschehens. In Stefan Heyms dokumentarischen Roman „5 Tage im Juni" heißt es:

Vor dem Haupteingang war es schwarz von Menschen, auf der Kreuzung Leipziger und Wilhelmstraße war ein einziges Gedränge; aus den Hunderten, die über den Alexanderplatz marschiert kamen, waren Tausende geworden […]

Er kam nicht weiter, wusste auch nicht, ob er überhaupt noch Einlaß finden würde ins Haus der Ministerien. Die Fenster entlang der Vorderfront jedenfalls waren trotz der Mittagshitze fest geschlossen; hinter dem Glas ließen sich, schattenhaft, Gesichter eher vermuten als erken-

nen. Vielleicht, dachte Witte, waren es auch nur Reflexe. Vielleicht saßen die Staatsangestellten da oben an ihren Schreibtischen, unberührt von dem Lärm auf Straße und Vorplatz, stempelten ihre Papiere, stapelten, schichteten sie, schoben sie weiter. Das Bild hatte etwas Grandioses an sich: Macht, zum Apparat geworden, der rattert und läuft und sich dreht, was auch geschehen mag; das läßt sich nicht erschüttern, das hat Bestand. Doch war es, als erzeugte der stumme Bau gerade durch seine ungeheure Gleichgültigkeit eine ständig steigende Erregung. Die Sprechchöre gewannen an Mitrufern; die Arbeiter begannen sich zu beteiligen; die Rufe, abprallend an der gesichtslosen Mauer, schufen immer neues Echo.

Stefan Heym, der in der McCarthy-Ära aus dem amerikanischen Exil zurückgekehrt war, ergriff mit seinem Roman durchaus Partei für die DDR. Dennoch durfte das Buch nicht erscheinen. Denn im Gegensatz zum SED-Regime, das die Ursachen für den Aufstand in einer vom Westen gesteuerten Provokation ausgemacht haben wollte, suchte er auch nach politischen Fehlern auf der eigenen Seite. Die Entwicklung im Realsozialismus mehr und mehr kritisch beobachtend, publizierte er 1979 in der Bundesrepublik den Roman „Collin“ – eine Abrechnung mit dem Stalinismus ostdeutscher Prägung –, was zur Verurteilung wegen Devisenvergehens und zum Ausschluss aus dem Schriftstellerverband führte.

Ins Haus der Ministerien zog nach der Wiedervereinigung die Treuhandanstalt. Das Gebäude trägt heute den Namen des von der RAF ermordeten Treuhand-Chefs Detlev Rohwedder. Im Jahr 2000 wurde die Restaurierung und Modernisierung des Komplexes abgeschlossen, der seither als Sitz des Bundesministeriums der Finanzen dient.

Ehemaliges Café des Westens

Kurfürstendamm 18/19, Ecke Joachimsthaler Straße
Charlottenburg
S- und U-Bhf. Zoologischer Garten (S3, S5, S7, S75 / U2, U9)
» Einkehrtipp: Café Kranzler, ebd.

Dort, wo sich heute das von Helmut Jahn erbaute Neue Kranzler-Eck erhebt, residierte seit Ende des 19. Jahrhunderts das Café des Westens, das in der Zeit vor und während des Ersten Weltkriegs als Treffpunkt der Boheme legendär wurde.

Anfang der 1920er Jahre war es an dieser Stelle mit der Künstlerherrlichkeit jedoch vorbei. In einer Reportage von 1922 musste Egon Erwin Kisch das Imperfekt bemühen, um noch den Geist des Ortes zu beschwören:

Hier pflegten alle zu sitzen, bevor sie bekannt oder der Gestellungskommission vorgeführt wurden, hier pflegte alles zu sitzen, was die „Auf-

Neues Kranzler Eck, Kurfürstendamm

machung" und den „Betrieb" verabscheute, diese unübersetzbaren Götternamen Berlins, was sich nicht frei fühlte im eleganten Kaffeehaus mit Konzerten, alles, was etwas mit Kunst zu tun hatte oder zumindest dazugehören wollte. In denen, die kurzgeschnittene Haare hatten, Zigarren rauchten und Stehkragen trugen, ließen sich leicht Frauen erkennen, und die, die schmachtende Blicke um sich warfen und lange Haare und Anzüge mit freiem Hals trugen, waren Männer. Außerdem hatte jeder seine persönliche Note, mancher Mann eine Halskette, manche Frau ein Monokel, dieser den Expressionismus, jener den Anarchismus, je nachdem [...]

Es stimmt, große Zechen machten die Künstler dort nicht, bestimmt gaben sie nicht die Hälfte des Gebäcks an, das sie gegessen hatten, und oft sind sie auch das schuldig geblieben. Aber all das wurde reichlich wettgemacht dadurch, daß das Geld in Strömen floß, sobald es jemandem gelungen war, dem Verleger, dem Kunsthändler oder dem Theaterdirektor Vorschuß abzuluchsen. Auch dadurch, dass das C. d. W., auch Café Größenwahn genannt, eine Sehenswürdigkeit für die Ausländer war. Kurz, der Kaffeehausbesitzer wurde zum reichen Manne, und sobald jemand reich geworden ist, will er das auf noble Art unter Beweis stellen. Deshalb entschloß sich Herr Pauly, die Künstler hinauszuschmeißen, die alten bemalten Marmorplatten zu verkaufen, die in allen Ehren verräucherten Wände mit geblümten Tapeten zu beziehen und überhaupt recht fein zu sein mit sehr viel Goldüberzug und Samt und Kitsch und mit einer Musikkapelle im Frack und mit hohen Preisen.

Als neues Domizil erwählte sich die Boheme daraufhin das Romanische Café, in dem sie offenbar willkommen war. 1932 eröffnete in den Räumen am Kurfürstendamm 18/19, Ecke Joachimsthaler schließlich das altehrwürdige Café Kranzler eine Dependance.

Egon Erwin Kisch reiste erstmals 1906 aus Prag nach Berlin und schrieb sich an der von Dr. Richard Wrede geleiteten Journalistenhochschule in Südende ein. Ob es an der Mentalität der Berliner lag, mit der er sich nicht anfreunden konnte, oder den an der Bildungseinrichtung vermittelten Inhalten muss dahingestellt bleiben. Jedenfalls zog er es vor, nach nur einem Semester in seine Heimatstadt zurückzukehren. Beim deutschsprachigen Prager Tagblatt absolvierte er zunächst ein Volontariat, ehe er noch im selben Jahr als Lokalreporter an die renommierte Tageszeitung Bohemia wechselte. 1913/14 weilte er abermals in der deutschen Hauptstadt und arbeitete hier für das Berliner Tageblatt. Nach dem Ersten Weltkrieg in Wien tätig, wurde der Kommunist Kisch, der sich aktiv am Sturz der österreichisch-ungarischen Monarchie beteiligt und die Rote Garde mitbegründet hatte, des Landes verwiesen.

1921 übersiedelte er nach Berlin, wo er mit seinen Reportagen, in denen er dem Tempo des modernen urbanen Lebens Ausdruck verlieh, zu einem Liebling des bürgerlichen wie auch des proletarischen Lesepublikums wurde. 1925 landete er mit dem Band „Der rasende Reporter", dessen Titel zum Markenzeichen für ihn werden sollte, einen seiner größten Erfolge.

Ehemaliges Café Royal

Dorotheenstadt (Mitte)
Unter den Linden 44 (alte Nummerierung)
S- und U-Bhf. Brandenburger Tor (S1, S2, S25 / U55)

An der Nordseite der Straße Unter den Linden – im Abschnitt zwischen Charlotten- und Friedrichstraße – eröffnete Friedrich Wilhelm Beyermann 1820 ein Café, das rasch zum Treffpunkt der gebildeten Welt wurde und in E. T. A. Hoffmann einen engagierten Förderer besaß. Der Schriftsteller beehrte das Lokal nicht nur regelmäßig mit seiner Anwesenheit, sondern ließ, wenngleich unter dem augenzwinkernden Pseudonym Kleophas Wenzel, „Ehrenmitglied der gastronomischen Gesellschaften zu Berlin und Peking", auch folgende Eloge in der Vossischen Zeitung abdrucken:

A. kam von einem langweiligen Mittagsmahl und schritt mißmütig hinaus nach dem Tiergarten, um, sich bewegend und draußen Kaffee nehmend, das Nützliche zu verbinden mit dem Angenehmen. Irgendwo eingekehrt, fand er indessen den Kaffee ungenießbar, und der unausstehliche Tabaksdampf jagte ihn vollends von dannen. Noch mißmütiger als zuvor, schritt er durch die Linden. Da leuchteten ihm dicht bei der Jagorschen Restauration die Fenster des Erdgeschosses entgegen,

> *und er dachte daran, daß hier vor kurzem ein neues Kaffeehaus aufgetan sei. „Versuchen wir es", sprach er und trat hinein.*
>
> *Er erblickte eine Reihe zierlich eingerichteter glänzend erleuchteter Zimmer. In dem ersten erhielt er auf Verlangen eine Tasse des reinsten stärksten Mokkakaffees, zu der er sich aus einer silbernen Vase, die auf dem Tisch stand, Zucker nahm nach Belieben und Rum aus einer Kristallflasche. Die mißmütige Stimmung schwand und ging über in volle Heiterkeit, als er eine Menge der gangbarsten Zeitungen und Zeitschriften erblickte, die auf dem runden Tische in der Mitte des Zimmers lagen. Es traf sich, daß er ein Blatt fand, das er längst vergeblich gesucht, hastig fiel er darüber her. Darauf traten die Freunde B., C., D. hinein. Man hatte sich lange nicht gesehen, man war voller Freude, sich wiederzufinden!*

Angenehme Überraschungen, die nicht enden wollen und dem Publikum das Café mithin aufs dringendste empfehlen. Fast ein wenig zuviel des Guten, aber die Begeisterung des Verfassers ist echt, weshalb ihm im Fieber des Schreibens wohl auch ein kleiner Fehler unterlief:

> *Frägt jemand, wo diese Anstalt ist, in der man Geistes und Leibes Notdurft befriedigen kann auf die gemütlichste Weise, so dient ihm zur freundlichen Antwort: In No. 24 Unter den Linden, und zwar rechts im Erdgeschoß.*

Das Royal befand sich in Nr. 44. Wirt Beyermann dürfte es seinem namhaften Werbetexter nachgesehen haben.

Der studierte Jurist Ernst Theodor (Wilhelm) Hoffmann, der sich aus Verehrung für Mozart den Vornamen Amadeus zulegte, hatte Berlin bereits während seines Referendariats in den Jahren 1798–1800 kennen gelernt. Nach den Befreiungskriegen ließ er sich endgültig in der preußischen Hauptstadt nieder und trat eine Stelle am Kammergericht an. 1816 reüssierte er mit der Oper „Undine", wandte sich jedoch trotz des Erfolgs als Komponist immer stärker der Literatur zu und schuf mit seinen Märchen, seinen phantastischen Geschichten und Novellen ein Œuvre, das in ganz Europa Verbreitung fand. Mit den „Lebens-Ansichten des Katers Murr nebst fragmentarischer Biographie des Kapellmeisters Johannes Kreisler in zufälligen Makulaturblättern" debütierte er 1820 als Romancier.

Chausseestraße

Oranienburger Vorstadt (Mitte/Wedding)

U-Bhf. Oranienburger Tor (U6)

» Einkehrtipp: Restaurant Goodtime, Chausseestraße 1

Ab Ende des 18. Jahrhunderts begann in Preußen der zügige Ausbau der alten Land- und Heerwege. Für diese so genannten Kunstraßen, die feste Fahrbahnbeläge erhielten, bürgerte sich der aus dem Französischen entlehnte Begriff Chaussee ein. Auch die Chausseestraße in Berlin verdankt ihre Entstehung den damaligen Modernisierungsmaßnahmen. Der Techniker und Erfinder Franz Anton Egells erkannte als erster den damit verbundenen Standortvorteil und verlegte 1826 seine Maschinenbauanstalt aus dem älteren Teil der Stadt an die vor dem Oranienburger Tor gelegene Chaussee. Zusätzlich eröffnete er hier ein Jahr später die erste private Eisengießerei. Maschinenbauunternehmer wie August Borsig, Friedrich Adolf Pflug, Louis Schwartzkopff oder Friedrich Wöhlert folgten dem Egellschen Beispiel und errichteten ihre Fabriken in unmittelbarer Nachbarschaft. Das Gebiet wurde zum Kern der industriellen Entwicklung in der preußischen Hauptstadt und wegen der unablässig rauchenden Schlote im Volksmund bald Feuerland genannt.

In seinem 1882 veröffentlichten Roman „Leberecht Hühnchen" hat Heinrich Seidel der Straße ein Denkmal gesetzt:

Vor einigen zwanzig Jahren sah die Chausseestraße in Berlin anders aus als jetzt. Vom Oranienburger Tor aus reihte sich an ihrer rechten Seite eine große Maschinenfabrik an die andere in fast ununterbrochener Reihenfolge. Den Reigen eröffnete die weltberühmte Lokomotivenfabrik von Borsig mit den von Strack erbauten schönen Säulengängen, dann folgten Egells, Pflug, Schwartzkopff, Wöhlert und viele andere von geringerem Umfang. In den Straßenlärm hinein tönte überall schallendes Geräusch, und das dumpfe Pochen mächtiger Dampfhämmer erschütterte weithin den Boden, daß in den Wohnhäusern gegenüber die Fußböden zitterten, die Gläser klirrten und die Lampenkuppeln klapperten. Zu gewissen Stunden war die Straße ein Flußbett mächtiger Ströme von schwärzlichen Arbeitern, die aus all den Fabriktoren in sie einmünde-

ten, und es gab eine Zeit, da in ihr jährlich mehr Lokomotiven gebaut wurden als im ganzen übrigen Deutschland zusammengenommen. Diese Zeit ist längst vorüber, und fast alle diese mächtigen Fabriken sind verschwunden; das ungeheure Steigen des Bodenwertes und die notwendig hohen Arbeitslöhne in der Stadt, in der das Leben immer teurer wurde, haben ihnen den Garaus gemacht. Teils wurden sie nach auswärts verlegt in billigere Gegenden, wo der große Raum, den solche Fabriken beanspruchen, nicht Millionen, sondern nur Hunderte wert war, teils gingen sie auch zugrunde. Die Gebäude wurden abgebrochen, und die großen Plätze, auf denen sich damals eine mächtige Tätigkeit regte, sind jetzt bedeckt mit Straßen und jenen zellenreichen, himmelhohen Bienenstöcken, die man Mietskasernen nennt.

Wie der Titelheld hatte auch Seidel eine Zeitlang in einer hier ansässigen Firma gearbeitet, ehe er als Konstrukteur an das Neubaubüro der Berlin-Potsdamer Bahn und schließlich an das der Berlin-Anhaltinischen Bahn wechselte. 1880 gab er den Ingenieursberuf auf, um sich ganz dem Schreiben zu widmen. Der humoristische Episodenroman „Leberecht Hühnchen", den er noch mehrfach erweiterte, ist bis heute sein bekanntestes Buch. Lesenswert geblieben sind daneben seine Berliner Miniaturen und seine Autobiographie „Von Perlin nach Berlin".

Courbièrestraße

Schöneberg

U-Bhf. Nollendorfplatz (U1, U2, U3, U4)

Die in den Gründerjahren angelegte Straße wurde 1885 nach Guillaume René Baron de Courbière benannt. Der aus Frankreich geflüchtete Hugenotte war 1758 in preußische Dienste getreten und machte unter Friedrich dem Großen eine steile Karriere als Offizier. 1806/07 gelang es dem inzwischen über 70-jährigen General, die Festung Graudenz erfolgreich gegen die napoleonischen Truppen zu verteidigen, woraufhin er unter Friedrich Wilhelm III. zum Generalfeldmarschall aufrückte.

In seiner autobiographisch gefärbten Erzählung „Käptn Bilbo und andere Piraten" lässt Krikor A. Melikyan den Ich-Erzähler eine Wohnung in dieser Straße finden:

Courbièrestraße, zwischen Nollendorf- und Wittenbergplatz. Eigentümlich unschlüssiges Ambiente. Ein winziges Stück Straße, Appendix der Eisenacher, Wurmfortsatz zur Sackgasse, uneinheitlich. Altbauten aus der Gründerzeit neben bewohnten, bemoosten Ruinen. Eine leichte Krümmung gab dem Asphalt bei Regen den Schimmer feindlicher Farbe. Max Beckmann hat den Nollendorfplatz mit der Hochbahn im Bild festgehalten. Die U-Bahn wurde bei der Courbière vom Untergrunddasein befreit. Fritz Kortner schrieb darüber. Sein Buch „Aller Tage Abend" ist für Tagträumertouristen ein Berliner Reiseführer. Man fühlt sich beim Wiederlesen dieser gescheiten Analyse wie Sekt in der Cola-Flasche. Wenn Beckmann den Nollendorfplatz auserwählte, dann Kortner auf der Kleiststraße, zwischen Eisenacher und Courbière die Geburt der stählernen Schlange aus dem Vaginaschlund der Erde.

Krikor A. Melikyan, als Sohn armenischer Emigranten in Deutschland geboren, begann Ende der 1940er Jahre als Schauspieler und Regieassistent bei Gustaf Gründgens in Düsseldorf. Er war später an Bühnen in Bochum, Bern und Berlin tätig, zuletzt am Schiller-Theater unter Boleslav Barlog. Er schrieb Drehbücher und Hörspiele und trat als Nachdichter armenischer Lyrik hervor. Die sprachmächtigen Erzählungen seines Bandes „Damals, und ein Koffer" sind allesamt in seiner Wahlheimat Berlin angesiedelt und führen ins Jahr 1934 sowie in die Zeit nach dem Mauerbau von 1961.

Dahlmannstraße

Charlottenburg
S-Bhf. Charlottenburg (S3, S5, S7, S75)

Der Historiker Friedrich Christoph Dahlmann war einer der „Göttinger Sieben", die 1837 gegen den Verfassungsbruch im Königreich Hannover durch König Ernst August protestiert und daraufhin ihre Professur verloren hatten. Der Wissenschaftler lehrte später in Bonn und wurde 1848 Mitglied der Frankfurter Nationalversammlung. Im bürgerlichen Charlottenburg, wo man gern wider den Stachel (sprich: die wilhelminische Kapitale Berlin) löckte, entsann man sich des frühen Demokraten und benannte 1906 eine Straße nach ihm.

In Martin Kessels Roman „Herrn Brechers Fiasko“ findet sich neben einer ganzen Reihe hinreißend geschriebener Stadtporträts auch eines von der Dahlmannstraße:

Man biegt um die Ecke und ist in einer anderen Welt! Weist nicht fast jedes Berliner Viertel Straßenzüge auf, die es diskreditieren, die herausfallen aus der gewohnten Typologie? Denn es ist nicht so, daß im Westen nur Eleganz herrscht und im Osten nur Elend, solange es auch ein luxuriöses Elend gibt und eine gewisse robuste Wohlhabenheit.

Die Dahlmannstraße, wohin Frau Geheimrat verschlagen worden war, gehört zwar noch nicht zu den restlos heimgesuchten, zu den schönsten Straßen Charlottenburgs aber auch nicht. Unglückselig in ihrer Veranlagung, hat sie das Pech oder die Manie, am nördlichen Ende gegen einen Bahndamm anzurennen, ohne trotz redlicher Bemühungen durch ihn hindurch oder über ihn hinweg zu gelangen. Es ist anzunehmen, dass sie aus Verzweiflung darüber dort endet. Einen Kiosk, eine Bedürfnisanstalt und eine Normaluhr hat sie sich hier als Denkmal gesetzt. Würde nach einer Anregung der Uvag sämtlichen Straßen Berlins der Name entzogen und ihnen statt dessen in Zuchthäuslerart eine Nummer aufgestempelt, so wäre allerdings Dahlmann von der Peinlichkeit befreit, mit dem Hinterkopf gegen die Wand zu rennen, ob damit aber der Physiognomie der Straße als solcher geholfen wäre, bleibt zweifelhaft. Vielleicht hätte sie dann nicht nur den Verstand, sondern auch noch den Glanz ihres geschichtlichen Namens verloren.

Die Geheimrätin hat nach dem Tod ihres Gatten, dem Direktor der Universalen-Vermittlungs-Aktien-Gesellschaft (Uvag), die Grunewaldvilla aufgeben und in die Dahlmannstraße ziehen müssen. Bei weitem schlechter trifft es jedoch den tragikomischen Titelhelden, der bei der nachfolgenden Umstrukturierung des dubiosen Vermittlungs- und Propagandaunternehmens seine Anstellung und damit seinen Halt verliert.

Zwischen den Quartieren des Ostens und des Westens pendelnd, in unterschiedlichste soziale Milieus hineinleuchtend, gelang Martin Kessel mit diesem Buch über das Berlin am Ende der Weimarer Republik ein furioser Großstadtroman. Das 1932 – zwei Wochen vor Weihnachten – auf den Markt geworfene Werk, in dem vom „Leistungswahn“

oder von der „Amoralität der Propaganda“ die Rede ist, verschwand nach dem Machtantritt der Nazis schon bald aus den Regalen. Zwar wurde es in den 1950er Jahren wieder entdeckt und seither einige Male neu aufgelegt, ohne aber bis heute auf eine breite Leserschaft gestoßen zu sein.

Der aus Plauen im Vogtland stammende Martin Kessel hatte über Thomas Mann promoviert und sich 1923 als freier Schriftsteller in Berlin niedergelassen. Drei Jahre später brachte er den Gedichtband „Gebändigte Kurven“ heraus. Ab 1929 wohnte er in der Künstlerkolonie am Laubenheimer Platz (heute Ludwig-Barney-Platz), die er in seinem grotesken Roman „Lydia Faude“ (1965) wieder aufleben ließ. Nach dem Krieg mehrfach mit Preisen, darunter dem Büchner-Preis, ausgezeichnet und in die Deutsche Akademie für Sprache und Dichtung in Darmstadt sowie die Berliner Akademie der Künste gewählt, geriet er dennoch zunehmend in Vergessenheit und verstummte als Autor seit Mitte der 1970er Jahre.

Deutsche Oper Berlin

Bismarckstraße 35
Charlottenburg
U-Bhf. Deutsche Oper (U2)

Nach Entwürfen des Architekten Fritz Bornemann entstand anstelle des im Zweiten Weltkrieg zerstörten Vorgängerbaus 1956–61 das heutige Gebäude.

Am 2. Juni 1967 formierte sich hier vor dem Opernhaus in der Bismarckstraße massenhafter Protest gegen den Besuch des Schahs von Persien, zu dessen Ehren am Abend eine Aufführung von Mozarts „Zauberflöte“ gegeben wurde. Bei der gewaltsamen Auflösung der Demonstration durch die Polizei fiel der tödliche Schuss auf den Student Benno Ohnesorg. Ein Ereignis, das in der Folgezeit entscheidend zur Radikalisierung der Studentenbewegung in West-Berlin und der Bundesrepublik beitrug.

In dem 1976 erschienenen Roman „Die erdabgewandte Seite der Geschichte“ von Nicolas Born erlebt der Ich-Erzähler an diesem Tag gewissermaßen die Stille vor dem Sturm:

Deutsche Oper, Bismarckstraße 35

Ich war am Mittag schon an der Oper vorbeigegangen. Polizisten in Arbeitsanzügen stellten auf der anderen Straßenseite die Absperrung auf. Vom Mittelstreifen wurden Autos abgeschleppt. Auf den Fahrbahnen ging in beiden Richtungen ungerührt der Verkehr. Während ein paar Mann Teile der Absperrung ineinanderklinkten, drehte sich einer, den Hammer locker in der Hand, nach mir um. Es wurden immer mehr Absperrungsteile herangeschleppt und befestigt. Es sah alles ganz unbedeutend aus. Weder die Autos noch die Absperrung widersetzten sich dem ruhigen, flachen Bild. Die Arbeitsjacken der Polizisten waren um die Oberschenkel herum zugeschnürt. Ein paar ältere Leute kamen vorbei. Ein Lastwagen, mit Stahlrohren beladen, hielt, und der Fahrer sprach kurz mit den Beamten, die dann ein Absperrungsteil aus der Kette herausnahmen und beiseite schoben. Das kam mir alles so vor, als hätte ich es schon einmal gesehen, und ich fühlte mich sogar unwillig werden, weil das alles so langsam ging, als ob diese Vorbereitungen fürchterlich viel Zeit hätten, während ich doch meinte, alles müßte sehr rasch gehen. Und mich störten auch diese Bewegungen, die fahrig und zufällig schienen, jedenfalls nicht flott und geübt; sie standen in Kontrast zu der einheitlichen Arbeitskleidung.

Vor dem Hintergrund der politischen Ereignisse jener Jahre wird die Geschichte eines Intellektuellen erzählt, der in dem als sinnentleert empfundenen Getriebe der Großstadt auf der verzweifelten Suche nach sich selbst ist, aber durch eben diesen starren Blick auf das eigene Ich immer mehr in die Isolierung gerät und sich zunehmend von den anderen entfernt.

Nach seinem kaum beachteten Erstlingsroman „Der zweite Tag" gelang dem aus Duisburg stammenden Autor, der bis dahin vor allem als Lyriker Anerkennung gefunden hatte, mit diesem Buch der Durchbruch als Erzähler. Zu dem insgesamt schmalen literarischen Œuvre Borns, der wenige Wochen vor Vollendung seines 42. Lebensjahres starb, gehören neben mehreren Gedichtbänden auch Hörspiele und Essays. Sein letzter Roman „Die Fälschung" wurde von Volker Schlöndorff mit Bruno Ganz und Hanna Schygulla in den Hauptrollen verfilmt.

Ehemaliger Dönhoffplatz

Mitte

U-Bhf. Spittelmarkt (U2)

Die nach dem Zweiten Weltkrieg aus dem Stadtbild verschwundene Platzanlage, umschlossen von der Leipziger-, Jerusalemer-, Krausen- und Kommandantenstraße, war 1734 nach dem Stadtkommandanten Alexander Graf von Dönhoff benannt worden, den König Friedrich Wilhelm I. mit der Bebauung des Areals vor dem abgebrochenen Alten Leipziger Tor betraut hatte.

Am Dönhoffplatz lässt Albert Emil Brachvogel in seinem Roman „Friedemann Bach" Frau von Eichstädt wohnen, eine wohlhabende Witwe und Musiknärrin, die es sich in den Kopf gesetzt hat, den von ihr hoch geschätzten Komponist Wilhelm Friedemann Bach ausfindig zu machen, der, keiner weiß wo, seit einiger Zeit in dürftigen Verhältnissen in der preußischen Residenzstadt lebt.

Ein lauer Frühlingswind wehte durch die Akazien und Lindenbäume des Dönhoffplatzes und streute die Blüten auf die geschäftig Vorübereilenden nieder, als Frau von Eichstädt, später als sonst, von ihrer

Wanderung zurückkehrte. Gewisse Dinge hatten sie auf eine Spur geleitet, die, wie sie am Morgen glaubte, zum Ziel ihrer Mühen führen konnte. Man hatte sie wieder einmal, wie schon so oft, getäuscht. Mit einem Seufzer, den der alte Müller aus innerer Überzeugung wiederholte, übergab sie ihm die Palatine und trat in ihr Zimmer, wo sie ihren Freund Moses traf, der in einem Buche geblättert hatte.

Aber weder der Philosoph Moses Mendelssohn noch die anderen Herren, der Kapellmeister Johann Friedrich Reichardt, der Historienmaler Bernhard Rode, Direktor der Akademie der Künste, oder der Komponist Johann Gottlieb Naumann, die sich im Salon der alten Dame versammelt haben, wissen zu helfen. Bis, ja bis der Gesuchte unterm Fenster des Hauses selbst erscheint.

Der an Überraschungen und abenteuerlichen Wendungen reiche Roman, der 1858 erschien, wurde eines der erklärten Lieblingsbücher des deutschen Bürgertums und bestimmte bis ins 20. Jahrhundert hinein das Bild, das man sich vom ältesten und wohl auch genialsten, aber letztlich als Künstler gescheiterten Sohn des großen Johann Sebastian Bachs machte. Jedoch ist diese „Biographie", die sich immerfort prominenter Persönlichkeiten der Zeitgeschichte als Zeugen und realer Schauplätze als dokumentarischer Beglaubigung bedient, beinahe von vorn bis hinten erfunden.

Der aus Breslau stammende Albert Emil Brachvogel hatte sich nach einem abgebrochenen Theologiestudium und einer Lehre als Medailleur und Bildhauer zunächst als Schauspieler versucht. 1846 begann er ein Studium der Geschichte, Literatur, Ästhetik und Philosophie. Zwischenzeitlich als freiberuflicher Schriftsteller tätig, wurde er 1854 Sekretär des Krollschen Theaters und brachte 1857 das Trauerspiel „Narziß" heraus. Trotz des späteren Erfolges als Romancier hielt er seiner eigentlichen Liebe, der Bühne, lebenslang die Treue. Er hinterließ nicht nur zahlreiche dramatische Werke, sondern auch eine fundierte dreibändige „Geschichte des königlichen Theaters in Berlin".

Im ausgehenden 19. Jahrhundert entwickelte sich die Gegend am Dönhoffplatz allmählich zum Zeitungsviertel. Den Anfang hatte der Verleger Rudolf Mosse 1873 mit einer in der Jerusalemer Straße 48/49 eröffneten Druckerei gemacht. Alsbald wurden neue Grundstücke angekauft und das gesamte Presseunternehmen, dessen Flagschiff das

Berliner Tageblatt war, hierher verlegt. 1905 zog auch Mosses erbitterter Konkurrent, der deutsch-nationale August Scherl, mit seinem Verlag in die Jerusalemer Straße.

In Gabriele Tergits Roman „Käsebier erobert den Kurfürstendamm“ gesellt sich an diesem Standort eine weitere Zeitung hinzu.

Der Dönhoffplatz! Rechts Tietz, Inventurausverkauf! Inventurausverkauf! Schuhwarenhaus Stiller „Noch billiger“! Regenschirme! Alle beisammen, Wigdor und Sachs und Resi. Ein Blinder mit Zeitschriften hockt vor Aschingers Destille für kleine Schnappaufs. Das beste Geschäft für künstliche Blumen. Im Frühling Ansteckblumen fürs Kostüm, im Winter Ballschmuck. Stettiner Sänger! Immer noch der große Lange und der kleine Dicke, Konditorei, Parfüms, Koffer und Wollwaren. Das geht alles noch. Aber im ersten Stock beginnen die Sorgen. Der Handel geht zurück. Alles direkt. Fabrik-Detail-Konsument. Wenn möglich Fabrik-Konsument. Das ist die große Seite des Dönhoffplatzes.

Drüben aber nach der stillen Seite hin, beinahe schon in der Kommandantenstraße, wo sich die kleinen namenlosen Geschäfte befinden, lag die Redaktion der Berliner Rundschau. Ein breites, langgestrecktes altes Haus, vier niedrige Etagen hoch, bekrönt an den Ecken von zwei Henkelvasen in griechischer Form. In der Mitte zwei überlebensgroße Stuckfiguren, Merkur und Minerva, zwischen sich ein römisches Feldzeichen. Mit Merkur schien nicht viel los zu sein in dem Haus. Eine halbe Etage stand leer. Ob Miermann in diese Zeitungsredaktion eingetreten war, weil ihn die Minerva mit den Geschichtstafeln gelockt hatte oder weil unter den Fenstern Rosengirlanden schwebten, stand nicht fest, wäre ihm aber zuzutrauen gewesen. Hingegen hätte es ihn sicher nicht verführt, daß Barockhelme mit Straußenfedern die oberste Fensterreihe bekrönten, denn er hatte was gegen kriegerische Kostümierung.

Als Vorlage für die Beschreibung diente offenbar das Haus Jerusalemer Straße 46/47, in dem das Berliner Tageblatt untergebracht war, zu dessen Redaktionsmitgliedern Gabriele Tergit gehörte.

Die Tochter eines Fabrikanten und späteren Direktors der Deutschen Kabelwerke war in der Raupachstraße, im Berliner Osten, aufgewachsen und hatte gegen den Willen der Eltern die Schule der Sozialreformerin und Frauenrechtlerin Alice Salomon besucht. 1919–23 studierte sie

Geschichte und Philosophie und promovierte anschließend mit einer Arbeit über den radikaldemokratischen Politiker Carl Vogt. Bereits während des Studiums schrieb sie Artikel und Feuilletons für die Vossische Zeitung wie auch das Berliner Tageblatt, an dem sie 1925, in eine Männerdomäne einbrechend, Gerichtsreporterin wurde.

Mit der Geschichte über den Vorstadtsänger Käsebier, den die Zeitungen zu ihrem Liebling erküren, ehe sie, seiner überdrüssig geworden, sich neuen Sternen zuwenden, gelang der 37-jährigen Autorin ein prägnantes Gesellschaftsepos, das bei seinem Erscheinen 1931 sogleich höchstes Lob als „bester Zeitroman dieses Jahres" erntete. Als Jüdin und entschiedene Nazi-Gegnerin musste sie 1933 Deutschland verlassen. Ihr literarisches Schaffen mitsamt dem als Familienchronik angelegten Roman „Effingers" wurde – wie das Werk Irmgard Keuns – erst in den 1970er Jahren wieder entdeckt.

Dorotheenstädtischer Friedhof

Chausseestraße 126
Oranienburger Vorstadt (Mitte)
U-Bhf. Oranienburger Tor (U6)

- Besichtigungstipp: Brecht-Weigel-Gedenkstätte, Chausseestraße 125
- Einkehrtipp: Kellerrestaurant Brecht-Haus-Berlin, ebd.

Der Begräbnisplatz für die Gemeinden der Dorotheenstadt und des Friedrichswerder, der als einer der kulturhistorisch bedeutsamsten Berlins gilt, entstand 1762/63 und erfuhr später noch mehrfache Erweiterungen. Insbesondere in der ersten Hälfte des 19. Jahrhunderts fanden hier zahlreiche Persönlichkeiten aus Politik und Wirtschaft, Kultur und Wissenschaft ihre letzte Ruhestätte. Die Reihe großer Namen reicht von den Philosophen Johann Gottlieb Fichte und Georg Wilhelm Friedrich Hegel über die Architekten Karl Friedrich Schinkel und Friedrich August Stüler bis hin zu Industriellen wie August Borsig und Louis Schwartzkopff. Bedingt durch den „Westzug" der besser verdienenden Schichten, kam es ab der Jahrhundertwende kaum noch zu Begräbnissen von Prominenten auf dem Dorotheenstädtischen Friedhof. Das änderte sich, nachdem der Dichter und Dramatiker Bertolt

Brecht 1956 hier beigesetzt wurde. Ihm folgten Johannes R. Becher, Hanns Eisler, John Heartfield, Arnold Zweig, Anna Seghers und viele andere der in der NS-Zeit emigrierten Künstler und Schriftsteller, die nach dem Krieg nach Deutschland zurückgekehrt waren und sich in Ostberlin niedergelassen hatten. 1971 starb Brechts Frau, die Schauspielerin und Mitbegründerin des Berliner Ensembles Helene Weigel. Auch sie fand hier, an der Seite ihres Mannes, ihre letzte Ruhestätte.

Der in Westberlin lebende Schriftsteller Uwe Johnson nahm an dem Begräbnis zwar nicht teil, wurde aber von seinem Verleger Siegfried Unseld über die Trauerfeierlichkeiten ins Bild gesetzt und gab daraufhin dem Schweizer Schriftstellerkollegen Max Frisch in einem Brief vom 13. Mai 1971 Bericht:

> *Gestern ist Helene Weigel begraben worden. Herr Unseld, der an der Trauerfeier vormittags im Berliner Ensemble und an der Zeremonie nachmittags auf dem Friedhof teilgenommen hat, kam zurück mit dem Eindruck, es sei in einer erstaunlichen Weise ohne Peinlichkeiten abgegangen. Was den Suhrkamp Verlag angeht, so sei dessen Vertreter durchaus respektiert worden; es ist also doch wohl kein Gesetz zu befürchten, das Brechts Erbe verstaatlicht. Der Respekt drückte sich zum Beispiel so aus, dass nach den Angehörigen, den Vertretern von Partei und Staat als zweite Gruppe, neben Elisabeth Hauptmann eben Herr Unseld auf den Begräbnisplatz trat.*
>
> *Herr Unseld blieb sich aber treu und sprach von dem Kranz des Suhrkamp Verlages. Erst hatte er eines der drei Westberliner Taxis, die in die Hauptstadt der D.D.R. gelassen werden, für den Transport des Kranzes chartern wollen, damit er mit freien Händen durch die Stadtbahn und die Kontrolle schreiten konnte, dann aber stellte sich heraus, dass seine Frau jemand kennt, der eine Verbindung zum besten Blumenhause Frankfurts hat, von wo wiederum eine Verbindung zum besten Blumenhaus Westberlins besteht, so dass das mächtige Gebinde in Westberlin „mit teilweise eingeflogenen" Blumen montiert wurde und auf eine noch elegantere Weise nach Ostberlin gelangte; &c. Die Schleife sei blau gewesen, nach reiflichem Überlegen; dieser Umstand habe das Aufsehen um den Kranz im Osten noch vergrößert &c. Er war sehr zufrieden mit sich, Suhrkamps doing things in style; er wird Ihnen alles im Detail erzählen, und nun haben Sie etwas zum Vergleichen.*

Was aber denn nun das „beste Blumenhaus in Westberlin“ für einen Namen führt; gestern abend wusste er es nicht.

Max Frisch, der ältere von beiden, und Uwe Johnson hatten sich 1962 in Rom kennen gelernt. Zwei Jahre später begannen sie ihre Korrespondenz, die erst im Oktober 1983 abriss, vier Monate vor Johnsons Tod. Da sie sich während dieser fast zwei Jahrzehnte nicht nur über persönliche oder literarische Dinge austauschten, sondern – als aufmerksame und kritische Beobachter des Zeitgeschehens – immer wieder auch weltanschauliche und politische Fragen erörterten, stellt dieser Briefwechsel eines der aufschlussreichsten und geistreichsten Zeugnisse aus den Jahren des Kalten Krieges und der deutschen Teilung dar.

Was den Dorotheenstädtischen Friedhof angeht, reißt inzwischen der Besucherstrom selten ab, befinden sich doch hier nun auch die Grabstätten für den Dramatiker Heiner Müller, den Literaturwissenschaftler und -kritiker Hans Mayer, den Publizisten und ehemaligen Leiter der Ständigen Vertretung Günter Gaus, den Alt-Bundespräsidenten Johannes Rau und die DDR-Bürgerrechtlerin Bärbel Bohley.

Dorotheenstraße

Dorotheenstadt (Mitte)

S- und U-Bhf. Friedrichstraße (S1, S2, S3, S5, S7, S25, S75 / U6)

Ende des 17. Jahrhunderts wurde in dem Gebiet zwischen der Straße Unter den Linden und der Spree die erste große Stadterweiterung vorgenommen. Als Namenspatin des Viertels fungierte Kurfürstin Dorothea, die zweite Gemahlin des Großen Kurfürsten. Ihr zu Ehren benannte man 1822 schließlich auch die parallel zu den Linden verlaufende Dorotheenstraße um, die bis dahin Letzte Straße geheißen hatte.

Wilhelm Raabes Altersroman „Die Akten des Vogelsangs“ widmet sich einem der Häuser in dieser Straße, wo Velten Andres, der Jugendfreund und Kommilitone des Ich-Erzählers Karl Krumhardt, seine Zelte bei der Witwe eines Fechtmeisters aufgeschlagen hat:

An einem ziemlich eleganten Schneiderladen (Herrenmoden) vorbei schritt man durch den gewölbten Hausflur, vorüber an der mit Teppi-

chen belegten, in den ersten Stock führenden Treppe auf einen umfangreichen Hof, über den etwas nervenschwache Gemüter sich nur mit einiger Bedenklichkeit dem Hintergebäude zu wagen konnten. Der Eigentümer des Hauses, einer der ersten Hufschmiede der Stadt, bediente daselbst seine Kunden, und nicht jeder geht gern zwischen zwei Reihen Gäulen durch, die ihm alle die Hinterteile zuwenden und nicht alle ganz gutwillig ihr Schuhwerk in Behandlung geben. Schmiedegesellen, Reitknechte, Stallknechte, Kutscher in Livree und ohne solche walteten ihres Amtes zwischen ihren Schutzbefohlenen, je nach dem Temperamente derselben und dem eigenen mehr oder weniger lärmhaft. Aus der Halle des Seitengebäudes leuchteten die Schmiedefeuer und klangen die Hämmer in das Gewieher, die Flüche, Begütigungen und die sonst übliche Unterhaltung zwischen Mensch und Mensch, Mensch und Vieh, Tier und Mensch hinein. Man hatte wirklich zu schreien, wenn man sich hier nach der Frau Fechtmeisterin erkundigte.

Vorbild für das von Raabe beschriebene Anwesen dürfte die Dorotheenstraße 72 gewesen sein, in der er im Herbst 1857– während seines zweiten und letzten Berliner Aufenthalts – Unterkunft gefunden hatte. Eigentümer war in der Tat ein Schmied gewesen.

Der Tod des Freundes führt den inzwischen zum Oberregierungsrat avancierten Krumhardt noch einmal nach Berlin und in die Dorotheenstraße zurück, die sich nunmehr gründlich gewandelt hat:

Seit meinen Studentenjahren war ich nicht wieder in diese Gegend der Stadt gekommen, und von dem Hause war nur die Nummer geblieben, was die Gassenseite anbetraf. Vater des Beaux nahm nicht mehr das Maß der oberen Zehntausend der Stadt, und der Hofschmied beschlug nicht mehr die Hufe ihrer Rosse in der Dorotheenstraße: nach der Gassenseite hin hatte sich die Dekoration vollständig verändert, soweit ich meiner Erinnerung trauen konnte. An der Architektur der zweiten Hälfte der achtziger Jahre des Jahrhunderts emporblickend, konnte ich, mit dem Briefe Helene Trotzendorfs daheim auf meinem Schreibtische, in meinem und des Vogelsangs Aktenkonvolut, mich nur fragen:

„Frau Fechtmeisterin Feucht? Ein Irrtum ist doch wohl ausgeschlossen?“

Die mutwillige Zerstörung gewachsener urbaner Strukturen – als Ausdruck eines entfesselten Kapitalismus – hatte Raabe während seines Studiums in Berlin, lange vor den Gründerjahren, beobachtet und auch schon in früheren Arbeiten thematisiert. Was dort aber eher einem romantischen Impuls entsprang, gewinnt hier, im Spätwerk, die Dimension moderner Gesellschaftskritik.

Der Autor, dem seit seinen Anfängen das Etikett des „Humoristen" anhaftete, verstand sich nach der Reichsgründung zunehmend als Mahner. Er warnte vor der Fortschrittsgläubigkeit ebenso wie vor den wirtschaftlichen und sozialen Folgen der Industrialisierung. Mit „Pfisters Mühle" legte er 1884 den ersten Umwelt-Roman deutscher Sprache vor. Alsbald machte das Wort vom Pessimisten die Runde.

Gelesen wurden seine Bücher kaum. Nennenswerte Verkaufszahlen erzielte lediglich das, was er längst als „Jugendquark" bezeichnete, darunter seine „Chronik der Sperlingsgasse", deren zeitkritische Bezüge dem Publikum nicht mehr präsent waren, so dass sie als poetische Idylle missverstanden werden durfte.

Erdener Straße

Grunewald (Wilmersdorf)

S-Bhf. Grunewald (S7)

» Einkehrtipp: Restaurant Floh, Am Bahnhof Grunewald 4

Um eines seiner Lieblingsprojekte, die Entwicklung des Kurfürstendamms, voranzutreiben, setzte sich Reichskanzler Otto von Bismarck persönlich beim Fiskus für den Verkauf eines 234 ha großen Geländes im Grunewald ein. Damit wurde ein Bankenkonsortium ins Boot geholt, das eine profitable Villenkolonie anlegen ließ und umgekehrt die Finanzierung des geplanten Boulevards übernahm. Nach der Trockenlegung des sumpfigen Grunewaldareals begann um 1889 der zügige Ausbau des Villenvororts. Bankiers und Fabrikanten, Politiker, Wissenschaftler und Künstler ließen sich hier nieder, darunter der Verleger Samuel Fischer. Für ihn errichtete der bekannte Architekt Hermann Muthesius 1905 die Villa Erdener Straße 8. Zu den häufigen Besuchern des Verlegers und dessen Gattin Hedwig Fischer zählte in den 1920er

Jahren Otto Flake. In seiner Autobiographie „Es wird Abend" erinnert er sich an die generösen Gastgeber und das Haus:

Fischer unterzog die neuen Mitarbeiter einer Prüfung, ob sie seiner Frau genehm sein würden. Viele der Autoren sahen sich, auch wenn sie in Berlin wohnten, nur bei den Pflichtdiners ein- oder zweimal in die Villa im Grunewald geladen. Einige haben es nie verziehen, zumal dann nicht, wenn sie als Juden besondere Berücksichtigung erwarteten; der Literatentyp wurde in der Erdener Straße nicht gern gesehen […]

Der Haushalt mit Tennisplatz, Gärtner, Chauffeur, Gesellschafterin, Kinderfräulein, Köchin und Dienstboten kostete beträchtliche Summen. Nicht alle Reichen, die bewirten, entgehen dem Augenblick, wo sie denken, nun sei es der Großzügigkeit genug, und der Gast, wenn er Nerven hat, das Absinken in der Haltung spürt. Die beiden Ehegatten versagten nie, und ich bewunderte vor allem ihn, der als Mann, der klein angefangen hatte, den Geldwert kannte.

In dem Haus mit der von Walser ausgemalten Halle, dem angebauten Speisesaal, der großen Bibliothek, dem Klavierzimmer und dem reizenden Teezimmer, mit den gewählten Tapeten und dem Liebermann, dem Gauguin, dem van Gogh, dem Ludwig von Hofmann an den Wänden, traf ich mit einer Unmenge von Namensträgern zusammen – Hauptmann, Rathenau, Thomas Mann, Schnitzler, Hofmannsthal, Stefan Zweig, Peter Nansen, Carl Ludwig Schleich, Kellermann, Franz Blei, Johannes V. Jensen, Aage Madelung, Wassermann, Hans Reisiger, Lovis Corinth, Irene Triesch, Gabriele Reuter, Dernburg, Annette Kolb, und im Lauf der Jahre wurde es ein endloser Zug; meine Tischdamen allein nähmen eine Seite in Anspruch; die reizendsten waren (von den späteren) Käthe Dorsch und Brigitte Horney.

Der Elsässer Otto Flake, der schon ab 1904 eine Zeitlang in Berlin gelebt hatte, kam nach dem Ersten Weltkrieg erneut in die deutsche Hauptstadt, wo er mit seinen in rascher Folge erscheinenden Erzählungen, Essays, Biographien und Romanen, so dem „Ruland"-Zyklus, zum gefragten Schriftsteller und Zeitkritiker aufrückte. International für Schlagzeilen sorgte das Verbot seines „Sommerromans" im faschistischen Italien. Es führte 1927 dazu, dass er bei einem Ferienaufenthalt in Südtirol vom Mussolini-Regime des Landes verwiesen wurde. Ein Vorgeschmack auf das, was Deutschland erst noch bevorstand.

Im Oktober 1934 starb Samuel Fischer. Die Beisetzung fand auf dem Jüdischen Friedhof in Weißensee statt. Flake, der zum Begräbnis des Verlegers aus Baden-Baden anreiste, schrieb in seiner Autobiographie:

> *Daß die Reichskulturkammer keinen Vertreter schickte, war nicht anders zu erwarten. Aber auch der Börsenverein schickte niemand an das Grab eines Menschen, der zu seinen prominentesten Mitgliedern gehört.*

Am und auf dem Bahnhof Grunewald halten Gedenktafeln und Mahnmale die Erinnerung an einen noch barbarischeren Akt wach: die Deportation der Berliner Juden. Denn neben dem Bahnhof Putlitzstraße (heute Bahnhof Westhafen) und dem Anhalter Bahnhof fuhren auch von hier aus regelmäßig Züge in die Vernichtungslager. Das 1991 vom Bezirk Wilmersdorf in Auftrag gegebene Mahnmal schuf Karol Broniatowski. Die Deutsche Bahn AG initiierte 1998 das von Nicolaus Hirsch, Wolfgang Lorch und Andrea Wandel gestaltete Mahnmal Gleis 17.

Ehemaliger Flughafen Tempelhof

Platz der Luftbrücke
Tempelhof
U-Bhf. Platz der Luftbrücke (U6)

Auf dem vormals als Exerzierplatz genutzten Tempelhofer Feld war bereits 1923 ein erster Flughafen eröffnet worden. Ab 1936 begann der gleichermaßen ehrgeizige wie gigantische Ausbau des Geländes zum Zentralfughafen Tempelhof, der sich nach seiner Fertigstellung 1941 rühmen durfte, das größte Gebäude des Kontinents zu besitzen. Planung und Leitung lagen in den Händen von Ernst Sagebiel, der das Architekturbüro seines emigrierten Chefs Erich Mendelsohn übernommen und schon das Reichsluftfahrtministerium errichtet hatte.

In den Blickpunkt der Weltöffentlichkeit geriet der Flughafen Tempelhof nach dem Zweiten Weltkrieg. Als Antwort auf die mit ihr nicht abgestimmte Währungsreform in den Westzonen ließ die sowjetische Militäradministration am 24. Juni 1948 alle Straßen-, Schifffahrts- und

Eisenbahnverbindungen abriegeln, so dass der Westteil der Stadt nur noch über den Luftweg mit lebenswichtigen Gütern wie Nahrungsmitteln, Medikamenten und Brennstoffen versorgt werden konnte. Rund 250 000 Transportflüge fanden bis zur Aufhebung der Blockade am 12. Mai 1949 statt. An die von den Westalliierten eingerichtete Luftbrücke erinnert seit 1951 das von Eduard Ludwig geschaffene und die drei Luftkorridore symbolisierende Denkmal auf dem Platz der Luftbrücke, das der Berliner Volksmund auf den Namen „Hungerharke" getauft hat.

In späteren Jahren wurde der Flughafen von Westberlinern und Westdeutschen gern genutzt, um im innerdeutschen Reiseverkehr die schikanösen DDR-Grenzkontrollen zu umgehen. Ein Grund, der auch den Protagonist in der 1965 erschienenen Erzählung „Zwei Ansichten" von Uwe Johnson bewegt:

> *Bis in den Abend wartete er auf dem südlichen Flughafen auf einen freien Platz nach Hamburg. Er dachte nicht an den Landweg, nachdem die ostdeutsche Kontrolle bei der Ankunft sein Handschuhfach alle fünfzig Meter noch einmal durchsucht hatte, ohne ihm das zu erklären; den drei Soldaten, jünger als er, hatte wohl mehr an Abwechslung gelegen, er mochte von denen aber nicht nach dem ganzen Wagen gefragt werden. Das Fliegen war ihm unheimlich […]*
>
> *Und bei der Abfertigung der Passagiere war ihm ein B. aufgefallen, den er nicht gekannt hatte. Dieser B. weigerte sich, entschlossen bis zur Kurzluftigkeit, den Polizeibeamten seinen Ausweis vorzuzeigen. Er sagte rasch, in angestiegenem Ton sehr viel. Seines Wissens gab es kein Gesetz, das westdeutschen Personen das Mitführen von Personalpapieren im Inland vorschrieb. Auf gemessene Vorhaltung sprach er lauter, schrie, schlug mit der Faust auf den Tisch, bis sie achselzuckend ihn durchließen.*

Der B. genannte Hamburger Fotograf hat eine ostdeutsche Krankenschwester kennen gelernt, ohne sich darüber klar zu sein, ob er Liebe für sie empfindet. Erst der Mauerbau bringt beide einander näher, schweißt sie zusammen. Auch sie geht in den Westen. Doch die Ansichten von der Welt des jeweils andern ebenso wie ihre unterschiedlichen Lebensvorstellungen lassen sich nicht wegwischen.

Uwe Johnsons Buch darf als eine differenzierte, aber durchaus kritische Erwiderung auf die zwei Jahre zuvor veröffentlichte Erzählung „Der geteilte Himmel“ von Christa Wolf gelesen werden, in der sich die Heldin für das Bleiben in der DDR entscheidet. Johnson war Ende der 1950er Jahre in den Westen gegangen, nachdem sein Roman „Mutmaßungen über Jakob“ nur in der Bundesrepublik erscheinen konnte. Das Thema der deutschen Teilung und die Frage, in welchem Teil ein menschenwürdiges Leben möglich sei, beschäftigten ihn auch in seinen späteren Arbeiten. 1970 brachte er den ersten Teil des auf vier Bände konzipierten Romans „Jahrestage“ heraus, in dem sich die jüngere deutsche Geschichte in weltgeschichtliche Zusammenhänge gestellt findet. Das 1983 abgeschlossene Mammutwerk machte seinen Autor international bekannt.

Friedenau

Schöneberg

S-Bhf. Friedenau (S1)

» Besichtigungstipp! Städtischer Friedhof Stubenrauchstraße (vorm. Friedenauer Friedhof), Stubenrauchstraße 43–45 (Grabmale u. a. von Ferruccio Busoni, Paul Zech, Marlene Dietrich, Jeanne Mammen, Helmut Newton, Oskar Pastior)

Die Reichsgründung von 1871 verstärkte den Zuzug aus allen Teilen Deutschlands nach Berlin und machte die Erschließung neuer Wohngebiete erforderlich. In Nachbarschaft zu Schöneberg entstand auf dem Gelände des Rittergutes Deutsch-Wilmersdorf der Vorort Friedenau, der seinen Namen in Erinnerung an den Friedensschluss mit Frankreich erhielt. Zunächst als Villenkolonie konzipiert, wurden nach Änderung der Bauordnung von 1887 zusätzlich mehrstöckige Mietshäuser errichtet.

Seit jeher hat es Schriftsteller, Künstler und Intellektuelle in dieses bis heute halb städtische, halb vororthafte Quartier gezogen, darunter Karl Kautsky und Rosa Luxemburg, Max Halbe und Kurt Tucholsky, Kurt Hiller und Karl Schmidt-Rottluff, Günter Grass und Uwe Johnson, Hans Magnus Enzensberger und Max Frisch, Herta Müller und Julia Franck.

Blick zum Friedrich-Wilhelm-Platz mit der Kirche Zum Guten Hirten

Anfang des 20. Jahrhunderts schlug Georg Hermann seine Zelte erst in der Kaiserallee 108 (heute Bundesallee) und dann in der Stubenrauchstraße 6 auf. In seinem 1925 erschienenen Roman „Der kleine Gast“ hat er ein liebevoll ironisches Porträt des Ortsteils gezeichnet. Die Handlung beginnt mit einer detailliert beschriebenen Straßenbahnfahrt des Romanhelden, der am Potsdamer Platz zusteigt.

Inzwischen sind der Friedenauer Friedrich-Wilhelm-Platz und die Kirche Zum Guten Hirten in Sichtweite geraten:

Nun jagte die Bahn durch die hohen Rüstergänge auf die rote Kirche zu, inmitten ihres Laubplatzes, unter dem die Kinder noch tobten, trieb in die wieder erwachenden Gärten hinein. Denn, man mochte gegen Friedenau sagen, was man wollte, es hatte in seinem alten Kern schöne Gärten mit Obst und Sträuchern, und reizende Vorgärten dazu, das Eldorado für Tonzwerge und weißgetupfte Tonrehe vor der Tropfsteingrotte […] Die Häuser in diesen Gärten und diesen baumbestandenen alten Straßen mochten klein, altmodisch und ärmlich sein, Vorstadtvillen; jedenfalls waren sie um so netter und harmloser und puppenhafter, je älter sie waren. Die späteren schienen schon aus einer Konkurrenz von Ankers-Steinbaukasten hervorgegangen zu sein und in den Entwürfen von den begabtesten Kindern Deutschlands, zwischen sieben und neun Jahren, herzurühren. Denn, je kleiner sie waren, desto mehr Türmchen und Erker hatten sie und bunte Fenster, mit Diaphanien aus dem „Trompeter von Säckingen" beklebt, nebst anderen köstlichen Schmuckteilen. (Zusatzkasten III b.)

Aber in so etwas wohnten nur die Ureingesessenen; und auch nur sie durften in die Gärten gehen, und, eine Pfeife im Mund, ein Mützchen mit einer grünen Eichelquaste auf dem Kopf – so etwas gab es! – die Stachelbeeren und Rosen, und später den Apfel am Spalierobst zählen […]

Die anderen aber wohnten nur in den Mietshäusern, die in halbfertigen, langen Straßenzügen um diesen Kern sich zogen, ja, sich schon hie und da mit breiterem Erfolg erfrecht hatten, sich zwischen die Häuschen und ihre Gärten zu drängen, um nun, wie Goliaths, von ihren vier, fünf Stockwerken auf sie und ihre Tonzwerge herunterzusehen.

Das vor dem Ersten Weltkrieg angesiedelte Buch ist Teil einer autobiographisch gefärbten Romanfolge, in deren Mittelpunkt der Redakteur Fritz Eisner steht. Erzählt wird in diesem Band die Geschichte des jungen Ehepaars Eisner. Der Held wie auch seine Frau Ännchen entstammen der jüdischen Mittelschicht, aber das Judentum spielt in beider Leben kaum noch eine Rolle. Man hat sich im wilhelminischen Berlin eingerichtet. Behütet wächst die kleine Tochter heran und macht das Familienglück perfekt. Allmählich aber bekommt die Idylle Risse.

Georg Hermann, Sohn eines Kaufmanns, wuchs im Tiergartenviertel auf und begann selbst eine kaufmännische Lehre. Daneben besuchte er literatur- und kunsthistorische Vorlesungen und arbeitete dann als Hilfskraft im Statistischen Amt der Stadt, später als Kunstkritiker für den Ullstein Verlag. Mit dem 1900 veröffentlichten und im jüdischen Berlin des Biedermeier spielenden Roman „Jettchen Geberts Geschichte", dem als Fortsetzung der nicht weniger erfolgreiche Band „Henriette Jacoby" folgte, erwarb er sich internationales Ansehen. 1909 begründete er den Schutzverband Deutscher Schriftsteller mit, deren Vorsitz er zugleich in den ersten Jahren innehatte.

Als Jude und Sozialist schon während der Weimarer Republik immer wieder Zielscheibe der Nazi-Presse emigrierte Georg Hermann 1933 nach Holland, von wo er 1943 in das von den deutschen Besatzern eingerichtete Internierungslager Westerbork verschleppt und schließlich nach Auschwitz deportiert wurde.

Friedhöfe vor dem Halleschen Tor

Kreuzberg
Mehringdamm 21/Zossener Straße 1
U-Bhf. Mehringdamm (U6, U7)
» Einkehrtipp: Restaurant e.t.a. hoffmann, Yorckstraße 83

Vor dem Halleschen Tor entstand ab 1735 der erste Berliner Begräbnisplatz, der im engeren Sinn kein Kirchhof mehr war, sondern, vom Gotteshaus räumlich getrennt, sich außerhalb der Stadt befand. Angelegt wurde er für die vereinigte Jerusalems- und Neue Kirchengemeinde, die Dreifaltigkeitsgemeinde, die Böhmische Bethlehemsgemeinde und die Brüdergemeine.

Ähnlich wie auf dem Dorotheenstädtischen Friedhof fanden hier zahlreiche Persönlichkeiten aus Wirtschaft, Wissenschaft und Kultur ihre letzte Ruhestätte, so die Baumeister Georg Wenzeslaus von Knobelsdorff und Carl Ferdinand Langhans, der Komponist und Begründer der Singakademie Carl Friedrich Fasch, Fanny Hensel und ihr Bruder Felix Mendelssohn Bartholdy oder das Ehepaar Rahel und Karl August Varnhagen von Ense. Aus jüngerer Zeit stammen die Grabstätten für den Philosophen Wolfgang Harich und den Schriftsteller Reinhard Lettau.

Einen ganz persönlichen Bezug zu dem Ort hatte der Feuilletonist Heinz Knobloch, wie aus seinem Buch „Berliner Grabsteine“ zu erfahren ist:

Plötzlich bekam ich Lust, auf diese Friedhöfe zu gehen. Dort wurde mein kleiner Bruder beerdigt, und das Grab ist längst eingeebnet. Merkwürdig genug. Nie bin ich auf diesen berühmten Berliner Friedhöfen gewesen, obwohl vier Jahre lang mein Schulweg dort vorbeiführte. Belle-Alliance-Straße. Heute Mehringdamm.

Zum ersten Mal ging ich durch das Tor, als der kleine Uwe begraben werden sollte, der knapp neun Monate alt geworden ist und an Miliartuberkulose starb, wie das hieß. So viele Kinder sind durch Hitlers Krieg umgekommen. Da sollte mein 1941 geborener Bruder verschont worden sein?

Aber was ich nicht wußte: Er kam keine zwanzig Meter entfernt von E.T.A. Hoffmann unter die Erde; und nur ein Stück weiter liegt Glaßbrenner. Nach der anderen Seite ist es nicht weit bis zu Chamisso. Solche Nachbarschaft. Darum würde ihn mancher fast beneiden. Doch wie gesagt, sein Grab ist verschwunden [...]

Vierzig Jahre später ging ich mit meiner Mutter auf diesen Friedhof. Sie freute sich, als ich zu Besuch kommen konnte; sie mochte wohl nicht allein und unsicheren Fußes dorthin, fand aber blindlings die Stelle, wo das Grab gelegen hat. Davon blieb ein Foto übrig. Ein Blumenhügel gleich neben einem Erbbegräbnis, im Hintergrund ein Frauenkopf aus weißem Marmor. Also läßt sich die Stelle immer wieder finden, und ich hatte bereits ahnungslos dort gestanden, als ich diese Büste fotografierte, den faszinierenden, geflügelten Frauenkopf mit Schleier. Auf dem Sockel steht: „Das Leid". Eine Arbeit des vielbeschäftigten und auch dichtenden Bildhauers Gustav Eberlein (1847–1926). Man hatte ihr einen Flügel abgebrochen und den Mund dunkelrot geschminkt.

Der in Dresden geborene Heinz Knobloch kam 1935 als 9-Jähriger mit den Eltern nach Berlin, wo er in Kreuzberg aufwuchs. Der Lehre als Verlagskaufmann folgte 1943 die Einberufung zur Wehrmacht, aus der er während der Kämpfe in der Normandie desertierte.

Nach der Rückkehr aus amerikanischer Kriegsgefangenschaft begann er journalistisch zu arbeiten und wurde 1953 Redakteur der neu gegründeten Ostberliner Zeitschrift Wochenpost, an der er bis 1991 tätig war. Fast zwanzig Jahre lang erschienen hier unter der Rubrik „Mit beiden Augen" seine geschliffenen Feuilletons, die in der DDR ihresgleichen suchten. Im Westen bekannt wurde er vor allem mit Biographien wie „Herr Moses in Berlin" oder „Der beherzte Reviervorsteher".

Gasteiner Straße

Wilmersdorf

U-Bhf. Blissestraße (U7)

Die Gasteiner Straße gehört zu den alten Straßen des einstigen Ortes Wilmersdorf und hieß bis 1888 Kirchhofstraße. Ab der Jahrhundertwende begann der rasche Ausbau des Dorfes zur Großstadt, die bei der 1920 erfolgten Eingemeindung nach Berlin bereits knapp 140 000 Einwohner besaß. Aus der Zeit des frühen Baubooms hat sich in der Straße u. a. das 1904 eingeweihte Viktoria-Luise-Lyzeum (heute Goethe-Gymnasium) erhalten, an dem Marlene Dietrich ein Jahr lang die Schulbank drückte, ehe sie Ostern 1918 – ohne Abitur in der Tasche – von der Schule abging.

Nicht (oder nicht in erster Linie) wegen der jungen Mädchen, sondern wegen einer damals hier ansässigen Metallverwertungsstelle suchte Victor Auburtin in regelmäßigen Abständen die Straße auf, wie er in seiner literarischen Miniatur „Ein versäumtes Geschenk“ bekennt:

Alle sechs Monate begebe ich mich zu der Metallverwertungsstelle in der Gasteiner Straße und verkaufe dort die Bordeaux- und Kognakflaschen, die ich im Verlauf dieser sechs Monate ausgetrunken habe; außerdem das Stanniol von der Schokolade. Es kommt immer so zwischen einem halben und dreiviertel Kilo zusammen.

Diesmal, jetzt in der Weihnachtswoche, erhielt ich eine ungewöhnlich hohe Summe, fünfhundertfünfzig Mark; sei es nun, daß der Preis für Blei und Stanniol stark gestiegen ist, sei es, daß ich in dem letzten halben Jahre mehr Bordeaux getrunken habe als sonst, was beides gleichermaßen möglich und wahrscheinlich ist.

Mit mir befand sich in dem Laden eine ärmlich aussehende Frau, die eine kleine Uhrkette zum Verkauf anbot. „Entschuldigen Sie“, sagte sie zu dem Händler, „es ist nur, weil ich dem Jungen ein Geschenk zu Weihnachten kaufen möchte; wieviel geben Sie für diese Nickelkette?“ Der Händler besah sich die Kette und erwiderte: „Das ist überhaupt kein Nickel, das ist Messing; dafür kann ich gar nichts geben; zehn Mark vielleicht, aber mehr nicht.“ Damit warf er der Frau die Uhrkette auf den Ladentisch hin.

Die Frau und ich verließen gleichzeitig den Laden. Sie, um in die Wohnung zu gehen, in der es zu Weihnachten für den Jungen kein Geschenk geben wird; ich, um mein unwürdig genug gewonnenes Geld so bald wie möglich sinnlos wieder zu vertun.

Und erst eine halbe Stunde später ist es mir eingefallen: ja, du lieber Gott, warum habe ich da auf der Straße zu dieser Frau nicht gesagt: „Junge Frau, zeigen Sie einmal die Kette her; merkwürdig, gerade so eine Kette aus Messing suche ich; darf ich mir erlauben, Ihnen fünfhundertfünfzig Mark dafür anzubieten?"

Warum habe ich das nicht gesagt? Aber so ist das mit uns Alkoholikern; wir haben ein goldenes Herz; die guten Einfälle jedoch kommen uns immer eine halbe Stunde zu spät.

Auburtins Großvater war um 1830 aus Frankreich nach Preußen eingewandert, wo er zum Küchenchef von König Friedrich Wilhelm III. aufstieg. Eine berufliche Tradition, die in der Familie zwar nicht weitergeführt wurde, aber sich offenbar noch beim Enkel in einer Vorliebe für leibliche Genüsse manifestierte.

Victor Auburtin studierte Germanistik, Kunst- und Literaturgeschichte und promovierte zum Dr. phil., ohne jedoch eine Wissenschaftskarriere anzustreben. Er versuchte sich stattdessen als Schauspieler, Reiseführer und Gelegenheitsjournalist. Ab 1902 arbeitete er als Redakteur für die Berliner Börsenzeitung, von der ihn Theodor Wolff 1911 ans Berliner Tageblatt holte und schließlich als Korrespondent nach Paris schickte. Bei Ausbruch des Ersten Weltkrieges beinahe als vermeintlicher Spion hingerichtet, wurde er zunächst auf Korsika interniert, ehe man ihn 1917, schwerkrank inzwischen, in die Schweiz abschob. Auburtins große Zeit begann in den frühen 1920er Jahren, als er mit seinen pointiert geschriebenen Feuilletons zu einem der Starautoren des Berliner Tageblatts avancierte.

Gedenkstätte Plötzensee

Hüttigpfad
Charlottenburg
S-Bhf. Beusselstraße (S41, S42)

Das 1868–79 erbaute Gefängnis diente während der NS-Zeit als Untersuchungshaftanstalt und zentrale Hinrichtungsstätte für politische Gefangene. Fast 3000 Frauen und Männer wurden hier zwischen 1933 und Kriegsende ermordet, darunter Mitglieder der Widerstandsgruppe Rote Kapelle und des militärischen Widerstandes vom 20. Juli 1944. Der Widerstandskämpfer Richard Hüttig, nach dem die an der Gedenkstätte gelegene Straße ihren Namen erhielt, war einer derer, die bereits 1934 dem Henkersbeil der Nazis zum Opfer fielen.

In Rolf Hochhuths erstmals 1963 erschienener Erzählung „Die Berliner Antigone" entwendet die Heldin den Leichnam ihres Bruders aus der Anatomie der Universität, um ihn heimlich zu bestatten und so vor dem Verscharren in einem Massengrab zu bewahren. Aus Stalingrad schwer verwundet zurückgekehrt, hatte er Hitler öffentlich die Schuld an der Niederlage der 6. Armee gegeben und war daraufhin hingerichtet worden. Da sich Anne dem Generalrichter gegenüber unkooperativ verhält und nicht verrät, wo sie die Leiche des Bruders beigesetzt hat, wird sie ihrerseits zum Tode verurteilt.

Ohne Auflehnung ließ Anne, gefesselt seit der Urteilsverkündung, sich auch noch die Füße an eine kurze Kette legen und mit sechs anderen jungen Frauen, von denen eine noch ein Kind während der Haft geboren hatte, zum Auto nach Plötzensee bringen, wo ihnen ein halbidiotischer Schuster, der seit Jahren als Rentner dieses Privileg eifrig hütete, mit verschreckt geilen Augen und zutraulichem Geschwätz umständlich das Haar im Nacken abschnitt; dabei ließ er die schimmernde Flut von Annes sehr langen, blonden Haaren mit seniler Wollust durch seine riechenden Finger gehen, wickelte ihr Haar dann grinsend um einen seiner nackten Unterarme und tänzelte, die Schere unaufhörlich öffnend und schließend, um die Gefesselte herum, bis man ihn hinauspfiff wie einen Hund. Denn Anne mußte sich völlig ausziehen, um nur noch einen gestreiften Kittel und Sandalen anzulegen […]

Die Frauen wurden in kurzen Abständen über den knochengrauen Hof zum Schuppen des Henkers geführt. Dorthin durfte kein Geistlicher sie begleiten. Wer da, neben dem dreibeinigen Tischchen mit Schnaps und Gläsern, als Augenzeuge Dienst tat, der Admiral, der Staatsanwalt, ein Oberst der Luftwaffe als Vertreter des Generalrichters und ein Heeresjustizinspektor, der schwieg sich aus nach dem Krieg, um seine Pension nicht zu gefährden.

Hochhuth widmete diese Novelle seiner ersten Frau Marianne, deren Mutter als Mitglied der Roten Kapelle in Plötzensee ermordet worden war. Wie kaum ein anderer Schriftsteller der Nachkriegsgeneration hat er in seinen Erzählungen, Romanen und Stücken immer wieder den Finger auf die Wunden der jüngeren deutschen Geschichte gelegt und gegen das allgemeine Vergessen und Verdrängen die eigene Erinnerungsarbeit gesetzt. Weltbekannt wurde er mit dem Schauspiel „Der Stellvertreter", das unter der Regie von Erwin Piscator 1963 in der Freien Volksbühne Berlin uraufgeführt wurde.

Ehemaliger Grenzübergang Bornholmer Straße

Prenzlauer Berg/Wedding
S-Bhf. Bornholmer Straße

An der Bornholmer Straße und der Böse-Brücke befand sich seit dem Mauerbau 1961 der nördlichste der sieben innerstädtischen Grenzübergänge. Er geriet am Abend des 9. November 1989 in den Blickpunkt der Weltöffentlichkeit, da er der erste war, an dem sich nach der von Politbüromitglied Günter Schabowski verkündeten neuen Reiseregelung der Schlagbaum für die DDR-Bürger öffnete.

Emine Sevgi Özdamar, Mitte der 1970er Jahre aus der Türkei nach Westberlin übersiedelt, erlebte noch die geteilte Stadt. Ihre Erfahrungen legte sie in dem 2003 erschienenen Buch „Seltsame Sterne starren zur Erde" nieder. Darin berichtet sie auch, welchen Schikanen die Besucher aus dem Westen von Seiten der DDR-Grenzbehörden ausgesetzt waren:

Reiner erzählte, daß er sich einmal mit seiner Freundin Annette am Grenzübergang Bornholmer Straße um fünf Minuten für die Ausreise in den Westen verspätet hatte. Die DDR-Grenzpolizisten schlossen den Schlagbaum, eine Novembernacht. Reiner mußte unbedingt pinkeln, denn er hatte viel getrunken, um das DDR-Geld auszugeben. Am Grenzübergang gab es aber keine Toilette, er benutzte den Grenzbaum. „Was haben Sie gemacht?" schrie ein Zöllner. „Gepinkelt." „Was?" „Ich mußte auf die Toilette." „Was?" „Geschifft, gebrunzt, gesoicht." Reiner und Annette mußten am Grenzübergang warten, bis um vier Uhr morgens ein Polizeiwagen auftauchte. „Wir müssen Ihnen ein Bußgeld wegen Verunreinigung der Stadtgrenze über DM 10 auferlegen."

Als junge Gastarbeiterin war Emine Sevgi Özdamar bereits ein Jahrzehnt zuvor in Westberlin gewesen. Nach dem Studium an der Schauspielschule in Istanbul kam sie erneut hierher und bewarb sich als Hospitantin an der Ostberliner Volksbühne, wo sie unter Benno Besson und Matthias Langhoff arbeitete und den Dramatiker Heiner Müller kennen lernte. In einer WG am Wedding wohnend, ehe sie bei einer Freundin in Pankow Unterkunft fand, lernte sie das Leben auf beiden Seiten der Mauer kennen.

Zunächst als Schauspielerin, Regisseurin und Theaterautorin tätig, darunter in Bochum bei Claus Peymann, machte sie sich seit Anfang der 1990er Jahre zunehmend auch als Lyrikerin und Erzählerin einen Namen. Internationale Aufmerksamkeit errang ihr Roman „Die Brücke vom Goldenen Horn".

Großer Müggelsee

Friedrichshagen (Köpenick)

S-Bhf. Friedrichshagen / S-Bhf. Rahnsdorf (S3)

» Einkehrtipp: Schrör's Biergarten, Josef-Nawrocki-Straße 16

In Ermangelung vulkanischer Tätigkeit blieb es der Eiszeit vorbehalten, einige landschaftliche Akzente in der Mark Brandenburg zu setzen. Zu ihnen zählen Müggelsee und Müggelberge. Beide beanspruchen im Berliner Raum zugleich den ersten Platz, was ihre Größe bzw. Höhe betrifft. Der See, an dem die Ortsteile Friedrichshagen, Rahnsdorf und

Müggelheim liegen, verfügt über die stattliche Fläche von mehr als 7000 qm und die Berge erheben sich hier bis zu 115 m über NN.

Dem Müggelsee widmete Bruno Wille in seinem Buch „Das Gefängnis Zum Preußischen Adler" eine ausführliche Passage, die ihn zwar nicht unbedingt als profunden Kenner der örtlichen geographischen Gegebenheiten, aber als lebendigen Erzähler ausweist:

Die weite Fläche da vor mir ist der Müggelsee, vom Märker „die Müggel" genannt. Hat eine Tiefe bis zu acht Metern. Jenseits blauen die waldigen Müggelberge, ganze fünfundzwanzig Meter hoch, wie ich aus dem „Touristenführer durch das Oberspreegebiet" behalten habe. Derselbe Gewährsmann nennt die Müggel den „Bodensee der Mark". Vielleicht wegen jener südlichen Hügel, die der Niederdeutsche natürlich „Berge" nennt, die er hier wohl gar mit dem Alpenwall am Bodensee vergleicht. Oder vielleicht, weil die Spree, das Beispiel des Rheins beherzigend, durch einen See fließt. Links, im Osten, wo hinter Rohrwildnis das alte Kirchlein von Rahnsdorf hervorlugt, tritt die Spree in die Müggel ein. Rechts, weit hinter den roten Ziegelmauern und Schlöten der Wasserwerke, bei der Friedrichshagener Brauerei, fließt sie hinaus. In dieser Länge mißt die Wasserfläche fünf Kilometer, während ihre Breite vom Nordufer, wo ich beobachte, nach den Müggelbergen hinüber halb so groß ist. Zuweilen kann der See offenes Meer vortäuschen; bei dunstigem Wetter verschwindet das jenseitige Ufer, und wenn unter einer Brise Wellen über den Sand spülen, ist der Anblick ähnlich wie von einer waldigen Ostseedüne.

Heute bleibt die Müggel auffallend einsam – ein Dampfer schleppt ein paar Zillen, rechts blinkt ein kleines Segel. Noch zu früh ist die Jahreszeit für Ausflügler. In den Sommerferien geht es hier hoch her. Nach Zehntausenden zählen dann die Berliner; durch die Waldung spazieren sie, erquicken sich am Sonnabend und am Freibad Müggelsee oder belagern als Zuschauer in buntem Gewimmel die Sanddüne. Andere machen in gemieteten Booten Ruderversuche.

Bruno Wille, der über Aspekte der Philosophie von Thomas Hobbes promoviert hatte, wurde 1890 Mitbegründer und erster Leiter der Freien Volksbühne. Im selben Jahr übersiedelte er von Berlin in den Vorort Friedrichshagen, wo er mit dem Schriftsteller und Naturphilosophen Wilhelm Bölsche den Friedrichshagener Dichterkreis aus der Taufe hob.

Zu den Mitgliedern und Gästen gehörten Lou Andreas-Salomé, Wilhelm Bölsche, Max Dauthendy, Paula und Richard Dehmel, Max Halbe, Knut Hamsun, Maximilian Harden, Heinrich und Julius Hart, Otto Erich Hartleben, Carl und Gerhart Hauptmann, Peter Hille, Bernhard und Paul Kampffmeyer, Gustav Landauer, Else Lasker-Schüler, Erich Mühsam, Stanislaw Przybyszewski, Wilhelm Spohr, Rudolf Steiner, August Strindberg, Bertha von Suttner und Frank Wedekind.

Wille selbst war zuerst als Lyriker bekannt geworden, ehe er 1901 mit den „Offenbarungen eines Wacholderbaumes" auch als Romancier hervortrat. 1914 erschien sein Buch „Das Gefängnis Zum Preußischen Adler", in dessen Mittelpunkt eine „selbsterlebte Schildbürgerei" steht. Wegen seines Engagements in der freireligiösen Gemeinde, die dem wilhelminischen Staat ein Dorn im Auge war, hatte man ihn in den 1890er Jahren zu einer hohen Geldstrafe verurteilt, die er weder zahlen konnte noch wollte. Den daraufhin gegen ihn verhängten Arrest musste er in einem zum Gefängnis umgebauten Trakt des Friedrichshagener Gasthofs Zum Preußischen Adler verbüßen. Der zuständigen Behörde war die Sache durchaus peinlich, warf sie doch nicht nur ein bezeichnendes Licht auf die gängige Praxis der Maulkorbverordnungen, sondern barg auch die Gefahr eines öffentlichen Skandals. So räumte man dem Delinquenten immer weitere Freiheiten und Vergünstigungen ein, bis er überhaupt nur noch zum Nächtigen in seiner Zelle zu erscheinen brauchte.

Heidestraße

Moabit (Tiergarten)

Hauptbahnhof (S3, S5, S7, S75 / U55)

- Besichtigungstipp: Hamburger Bahnhof – Museum für Gegenwart – Berlin, Invalidenstraße 50/51
- Einkehrtipp: Sarah Wiener im Hamburger Bahnhof, ebd.

An der seit 1822 bestehenden Heidestraße soll in den nächsten Jahren ein neues Wohn- und Geschäftsquartier von der doppelten Größe des Potsdamer Platzes entstehen. Den Mittelpunkt des durchgrünten und nach ökologischen Gesichtpunkten gestalteten Viertels wird ein Stadthafen bilden.

Noch erinnert freilich vieles an die frühere Nutzung als Bahn-, Speicher- und Gewerbeareal, wie es der Ich-Erzähler im Roman „Die Ästhetik des Widerstands“ von Peter Weiss erlebt:

Hier, in einem der niedrigen langgestreckten Ziegelsteingebäude in der Heidestraße, zwischen dem Gelände des Lehrter Güterbahnhofs, mit seinen Werkstätten, Magazinen, Lokomotivenhallen und rangierenden Zügen, und dem Gedränge der Lastkähne im Kanal, der den Humboldthafen mit dem Nordhafen verband, war ich beschäftigt mit der Entgegennahme von Ausrüstungsteilen, die aus Hamburg, vom Bergedorfer Eisenwerk, und von der Stockholmer Hauptfirma kamen, sowie mit der Verpackung der fertiggestellten Zentrifugen für den Meiereigebrauch. Ende Neunzehnhundert Vierunddreißig hatten sich meine Eltern entschlossen, in die Tschechoslowakei zurückzukehren, das Land, dem wir den Pässen nach seit dem Friedensschluß von Versailles und Trianon zugehörig waren, ich selbst war an meiner Arbeitsstelle geblieben, um abends die Kurse zur Reifeprüfung fortsetzen zu können. Nach dem Auszug meiner Eltern hatte ich das Zimmer unsrer Wohnung in der Pflugstraße, in der Nähe des Wedding, an eine Familie vermietet, und schlief, wie ich es früher getan hatte, in der Küche, wo nachts das unaufhörlich heraufdringende Scheppern, Klirren und Fauchen aus dem Stettiner Bahnhof das Dröhnen an meinem Arbeitsplatz in Moabit ablöste.

Der 1981 abgeschlossene dreibändige Roman, der in die Zeit von 1917 bis 1945 führt und sich mit den Wegen und Irrwegen der deutschen und europäischen Linken auseinandersetzt, stellt das literarische Vermächtnis des Autors dar.

Als Sohn einer aus der Schweiz stammenden Schauspielerin und eines Textilfabrikanten jüdischer Herkunft, der zum Christentum konvertiert war, wurde Peter Weiss in Nowawes, Potsdam geboren. Er wuchs in Bremen und Berlin auf, ehe die Familie 1934 Deutschland verlassen musste und über die Tschechoslowakei und England nach Schweden emigrierte.

In Stockholm begann er als Maler, später auch als Filmemacher zu arbeiten. Obwohl er schon nach dem Krieg mit schwedischsprachigen

Texten und dem Hörspiel „Rotundan“ (dt. „Der Turm“) hervorgetreten war, fasste er erst als 44-Jähriger den Entschluss, sich ganz dem Schreiben zuzuwenden. 1961 bzw. 1962 erschienen seine autobiographischen Romane „Abschied von den Eltern“ und „Fluchtpunkt“, in denen er sich wieder seiner Muttersprache bediente. Weltruhm errang er mit dem Theaterstück „Die Verfolgung und Ermordung Jean Paul Marats, dargestellt durch die Schauspielgruppe des Hospizes zu Charenton unter Anleitung des Herrn de Sade“, das unter der Regie von Konrad Swinarski 1964 am Berliner Schiller-Theater uraufgeführt wurde.

Hentigstraße

Karlshorst (Lichtenberg)
S-Bhf. Karlshort (S3)
» Museumstipp: Deutsch-Russisches Museum Berlin-Karlshorst (ehem. Kapitulationsmuseum), Zwieseler Straße 4, 10318 Berlin

1903 benannt, verdankt die Straße ihren Namen dem Juristen und Politiker Philipp Hermann Otto Hentig, der als Mitbegründer und Vorstandsmitglied der „Bauvereinigung Eigenhaus“ einen wesentlichen Anteil am Ausbau Karlshorsts hatte, das ab 1895 die Entwicklung vom Vorwerk des Schlosses Friedrichsfelde zur Wohnkolonie durchlief. Die Erschließungspläne lieferte der Architekt Oscar Gregorovius. 1902 wurde die Villen- und Landhaussiedlung, die man später auch als „Dahlem des Ostens“ bezeichnet hat, an das S-Bahnnetz angeschlossen.

In der Hentigstraße 13 wuchs in den 1920er/30er Jahren Joachim Fest auf. Darüber berichtet hat der Historiker, Publizist und Autor in seinem Buch „Ich nicht. Erinnerungen an eine Kindheit und Jugend“:

Das Haus in der Hentigstraße, das mein Vater vor Jahren erworben hatte, lag nicht in einem der Villenquartiere des Ortes, sondern mitten im Mietshausviertel. Die Bewohner waren Facharbeiter, Beamte, Werkzeugmacher und einige Witwen. Jedes der Häuser besaß an den Seiten und im hinteren Teil des Grundstücks ein Grüngelände, meist mit einem Gewürzgarten unter ein paar Obstbäumen. Fast durchweg gab es neben der Teppichstange einen Geräteschuppen, und als Besonderheit wies unser Garten unter den Kastanienbäumen ein Turnreck sowie ein kleines, gestuftes Schwimmbecken auf, in dem wir im Sommer badeten und im Winter mit unseren Nagelschuhen die vereisten Absätze hinuntersprangen.

Der Vater, überzeugter Republikaner und gläubiger Katholik, weigerte sich in der NS-Zeit standhaft, den Kotau vorm Regime zu machen und der NSDAP beizutreten. Er wurde seines Amtes als Mittelschulrektor enthoben und mit Berufsverbot belegt. Da es ihm sogar untersagt war, Privatunterricht zu erteilen, lebte die Familie fortan in höchst ungesicherten finanziellen Verhältnissen.

Wegen einer Hitler-Karikatur, die er in die Schulbank geritzt hatte, musste schließlich auch der Sohn das Gymnasium verlassen. Ab 1944 als Flakhelfer eingezogen, konnte Joachim Fest erst nach dem Krieg das Abitur ablegen. Nach dem Studium war er für den Rundfunk und von 1973–93 als Mitherausgeber der Frankfurter Allgemeinen Zeitung tätig.

Die Kindheits- und Jugendjahre im Dritten Reich prägten lebenslang die demokratischen Grundüberzeugungen des streitbaren Publizisten, der sich auch in seinen Büchern immer wieder mit dieser Zeit auseinandergesetzt hat. Einem breiten Lesepublikum bekannt wurde Fest mit den Biographien über Hitler und Speer.

Hermannplatz

Kreuzberg/Neukölln
U-Bhf. Hermannplatz (U7, U8)

Nicht völlig geklärt ist, ob der Platz seinerzeit nach einem örtlichen Gemeindevorsteher oder doch eher nach dem germanischen Stammesführer, Hermann der Cherusker, benannt wurde. Jedenfalls datiert der Name von 1885. Da hieß Neukölln noch Rixdorf und mauserte sich aus den Dörfern Böhmisch-Rixdorf und Deutsch-Rixdorf allmählich zur Stadt. „In Rixdorf ist Musike“ hieß denn prompt ein Gassenhauer. Von Anfang an aber lebten Einheimische und Zuwanderer hier gemeinsam. Auch heute wieder. Menschen aus über 160 Nationen haben sich in Neukölln niedergelassen. Und der Hermannplatz mit dem Kaufhaus Karstadt, das es, wenngleich nach den Kriegsschäden baulich verändert, seit 1929 an dieser Stelle gibt, gehört zu den pulsierenden Orten der Stadt.

Lange Zeit im Ruf eines Schmuddelbezirks stehend, hat sich seit einiger Zeit die Berliner „Szene" Teilen von Neuköllns bemächtigt. Einer, der hier schon in den 1980er Jahren seine Zelte aufschlug und das Auf und Ab der Gegend genau kennt, ist Uli Hannemann. 2008 erschien seine erfolgreiche Geschichten-Sammlung „Neulich in Neukölln. Notizen von der Talsohle des Lebens":

Seit kurzem wohne ich direkt am Hermannplatz. Auf meiner Straßenseite ist Neukölln, das Haus schräg gegenüber mit der renovierten Fassade und dem sonnigen Südbalkon gehört bereits zu Kreuzberg. Mit angenehmem Grusel schauen dessen Bewohner zu uns rüber. „Ich weiß, was in deren Köpfen vorgeht", bemerkt meine südamerikanische Mitbewohnerin Else dazu. „Von unserem Hotel in Rio hatten wir auch einen tollen Blick auf die Favelas."

In der neuen Wohnung funktioniert anfangs vieles nicht: Die Badezimmertür weist einen großen Riss auf, der Elektroherd läuft auf halber Kraft, im Hausflur gibt es keine Briefkästen und im Hof keinen Radständer – weshalb ich abends mein Fahrrad an das Geländer vom Eingang des U-Bahnhofes Hermannplatz festkette. Ein gutes Gefühl habe ich nicht dabei.

Einige Tage später erlebe ich jedoch eine feine Überraschung. Irgendjemand hat die Reifen meines Fahrrads aufgepumpt, den Rahmen frisch gespritzt und eine Blumengirlande um den Lenker gewickelt. Das vermute ich jedenfalls, denn überprüfen kann ich es nicht. Das Rad ist weg.

Mit seinen lakonischen Kurzgeschichten und Glossen aus dem Berliner Alltag machte sich der gebürtige Braunschweiger zunächst als Mitglied der Lesebühnen „LSD – Liebe statt Drogen" und der „Reformbühne Heim & Welt" einen Namen. Als Buchautor debütierte er 2005 mit dem Geschichtenband „Hähnchen leider". Inzwischen hat der im Nebenberuf als Taxifahrer tätige Hannemann sein drittes Buch vorgelegt: „Neulich im Taxi".

Hochstraße

Wedding

S-Bhf. Humboldthain (S1, S2, S25)

Obwohl die Hochstraße schon 1833 benannt und der Anonymität eines Feldwegs entrissen wurde, gehört sie zu den Berliner Straßen, die in Reiseführern nie erwähnt werden. Das verwundert kaum, denn außer dem berechtigten Wunsch der Anwohner, ein Dach überm Kopf zu haben, befriedigt sie wenig mehr als noch dies: bei Bedarf rasch das Weite zu suchen. Mittels Ringbahnanschluss und unter Beachtung der aktuellen Änderungen des S-Bahn-Fahrplans scheint das immerhin garantiert. Was ihre Literaturtauglichkeit angeht, die erst spät erprobt wurde, steht sie den bekannteren Straßen aber in nichts nach, wie Thomas Brussig in seinen Erkundungen des hauptstädtischen Rotlichtmilieus „Berliner Orgie" unter Beweis gestellt hat.

In Berlin gibt es nur ein Laufhaus, das Weddinger „Freudenhaus Hase". Es liegt in der Hochstraße 45. Die Hochstraße kenne ich – als mir mal mein Auto abgeschleppt wurde, habe ich es dort abholen dürfen. Ansonsten verschlägt es mich nie in diese Gegend. Wenn ich zum Flughafen Tegel fahre, dann führt mich der Weg durch den Wedding. Die Hochstraße 45 ist am S-Bahnhof Humboldthain. „Humboldthain" klingt gediegen, geradezu großbürgerlich, ist es aber nicht. Der Wedding ist ein traditioneller Arbeiterbezirk, mit Bierkneipen, wo ein Rauchverbot schwer vorstellbar ist. Er ist noch nicht das, was man einen Brennpunkt nennt. Aber auch alles andere als eine gute Gegend.

Ich habe mir einen Montag ausgesucht. Der Montag ist angeblich der Tag, an dem der größte Andrang in den Bordellen herrscht. Wenn sich nämlich bei den Männern alle Hoffnungen zerschlagen haben, am Wochenende guten ehelichen Sex (oder ehelichen Sex überhaupt) zu erleben.

Ich parke meinen Wagen gegenüber dem Haus Hochstraße 45 und beobachte, was sich da tut.

Ich bin schüchtern, ich darf das. Von außen erkenne ich nichts, was auf das Laufhaus hinweist. Die Fenster des vierstöckigen Vorderhauses sind dunkel wie nach einem Stromausfall. Unten sind eine Spielothek und eine überdachte Einfahrt, die auf einen Hof führt. Das benachbarte Grundstück ist unbebaut. Der Seitenflügel ragt in den Nachthimmel. Wo soll hier ein Laufhaus sein?

Im Ostteil der Stadt geboren und aufgewachsen, legte Thomas Brussig 1991 unter dem Titel „Wasserfarben“ sein erstes Buch vor, das allerdings noch wenig Beachtung fand. Schlagartig bekannt wurde er vier Jahre später mit dem satirischen Roman „Helden wie wir“, in dem aus der Perspektive des leicht vertrottelten Protagonisten Klaus Uhltzsch der Untergang der DDR, kulminierend im Mauerfall, erzählt wird. 1999 folgte der Roman „Am kürzeren Ende der Sonnenallee“, mit dem sich der damals 34-Jährige endgültig in die erste Reihe der jüngeren Schriftstellergeneration katapultierte. Neben Romanen, zuletzt „Wie es leuchtet“, hat Brussig auch Filmszenarien und Theaterstücke verfasst.

Hotel Adlon

Unter den Linden 77
Friedrichstadt (Mitte)
S- und U-Bhf. Brandenburger Tor (S1, S2, S25 / U55)

Anstelle des von Karl Friedrich Schinkel erbauten Palais Redern ließ Lorenz Adlon 1905–07 auf den Grundstücken am Pariser Platz sein Hotel errichten, das zu einem der luxuriösesten Deutschlands wurde und sich von Anfang der Unterstützung Kaiser Wilhelms II. erfreute. Im Zweiten Weltkrieg schwer beschädigt, konnte die Nobelherberge nur noch teilweise genutzt werden.

In dem dreibändigen Roman „Der Wundertäter“ lässt Erwin Strittmatter hier seinen Helden Stanislaus Büdner absteigen. Die Nachkriegszeit ist allenthalben präsent:

Nach der Vorstellung gingen sie zu Fuß zum Adlon. Über den Ruinen rollte sich der Mond hoch. Auch hier Kulissen und Lichteffekte! Es war, als hätten sie das Theater nicht verlassen. In der Ferne donnerten die Schnellbahnen, in der Nähe raschelten Ratten vor Kellerlöchern und quiekten wie schlecht gespielte Klarinetten. Das klirrende Gespenst aus „Hamlet“ hätte auftreten können […]

Pariser Platz mit Hotel Adlon und Akademie der Künste

In der Nähe eines mit Holundersträuchern bewachsenen Trümmerplatzes umarmte sie ihn. Leiser Wind wehte von der Spree herüber. Büdner folgte ihr ohne Widerstreben ins halb zertrümmerte Adlon. Sie hatte vorgesorgt, zwei Zimmer bestellt, doch sie benutzten nur eines. Alles erster Klasse, erster Klasse auf Trümmern!

Mit phantastischen Mitteln hat Strittmatter in diesem Entwicklungsroman deutsche Geschichte von der Wilhelminischen Ära bis in die ersten Jahre der DDR und mithin ein Stück seiner eigenen Biographie aufgearbeitet. Im Mittelpunkt steht Stanislaus Büdner, ein Schelm, ein Wundertäter, der – wie der Autor selbst – das Bäckerhandwerk erlernte, in die Strudel der Zeit gerät, sich aber seinen Traum bewahrt, Dichter zu werden. Der erste Band erschien 1957, der dritte 1980.

Mit seinen Erzählungen und Romanen, darunter „Ole Bienkopp" und „Der Laden", gehörte der aus der Niederlausitz stammende Strittmatter zu den erfolgreichsten Schriftstellern der DDR überhaupt. Sein literarisches Debüt hatte er 1950 mit dem Roman „Ochsenkutscher" gegeben, wodurch Bertolt Brecht auf ihn aufmerksam wurde und ihn unter seine Fittiche nahm.

Hotel Sachsenhof

Motzstraße 7
Schöneberg
U-Bhf. Nollendorfplatz (U1, U2, U3, U4)

Das Hotel in der früheren Motzstraße 78 existiert seit 1913 und hieß nach seinem ersten Betreiber, einem Charlottenburger Gärtnereibesitzer, zuerst „Hotel Koschel". Ab 1927 firmierte es unter dem Namen „Der Sachsenhof", wohl deshalb, weil der nunmehrige Besitzer in Dresden ansässig war. In den 1920er Jahren verkehrte im Haus ein internationales Publikum, wie Else Lasker-Schüler in ihrem Prosastück „Die Lamas" erzählt:

Wenn es durch die Korridore des Hotels „Der Sachsenhof" leise schellt, beten die Lamas gemeinsam vor ihrem geweihten herrlichen Buddha-Teppich. Seit kurzem schließen sie mich in ihr Gebet ernsthaft ein. Sie bewohnen fast die ganze zweite Etage des gentilen, heimatlichsten Hotels: Der Sachsenhof, darin ich schon viele Jahre wohne, das mich ebenfalls gastlich aufnahm und ich lieb gewann, wie ein internationales Zuhause. Zwischen tibetanischen Priestern Wand an Wand lausche ich andächtig fremden tiefen Zeremonien. Gesänge, die den Lamas teuer sind, die sie immer wieder leiernd aufrollen mit dem heiligen Gebetteppich, die Berge näher zu zaubern, die Heimat zu betreten, von deren Anhöhen sie herabstiegen, ihre Klöster verließen, einen anderen Erdteil zu schauen, den zu erreichen ihnen bis dazumal eine Traumreise nach dem Abendstern, unerklärlich verwirklicht, erschienen wäre. Europa spielt sich augenblicklich für unsere asiatischen religiösen Gäste in unserem Hotel „Der Sachsenhof" ab, ein fruchtbarer Planet, der sie reich und verständnisvoll beherbergt. Der Sternenfee Anny, dem blauäugigen jungen Fräulein der Etage, verdanken die Tibetaner eine Menge deutsche Worte, die nun ihre feinen Lippen zu bilden verstehen und Tee, Kuchen und Zigaretten zur angenehmen Folge haben. Der Dalai-Lama pflegt aus seiner eigenen goldverbrämten Tasse den Tee einzunehmen. Entzückend, wenn er im roten Festgewand an meine Tür klopft und auf mein aufgeschrecktes Herein artig erklärt: „Der Ober-Lama!! Gut Morgen."

Die aus Elberfeld gebürtige Tochter eines Bankiers war 1894 mit ihrem ersten Mann, dem Arzt Berthold Lasker, nach Berlin gekommen und gab 1902 ihr literarisches Debüt mit dem Gedichtband „Styx". Ein Jahr später ließ sie sich scheiden und heiratete den als Komponist, Schriftsteller und Maler tätigen Georg Lewin, der auf ihr Drängen hin das Pseudonym Herwarth Walden annahm und ab 1910 als Herausgeber der Zeitschrift „Der Sturm" bekannt wurde. Mit ihren hier abgedruckten Texten und dem 1911 veröffentlichten Lyrikband „Meine Wunder" avancierte Else Lasker-Schüler zur führenden Repräsentantin des Expressionismus. Freundschaften verbanden sie mit Dichtern und Künstlern wie Gottfried Benn, George Grosz, Oskar Kokoschka, Georg Trakl oder Franz Werfel. Nach der Scheidung von ihrem zweiten Mann geriet sie mehr und mehr in finanzielle Nöte. Dem Schriftstellerkollegen Georg Zivier vertraute sie an, dass sie immer am Rande der Häuser unter den Balkonen entlang ginge, damit ihre Eltern im Himmel nicht sähen, wie arm sie sei. Unterstützung erfuhr sie durch Freunde, vor allem durch den Wiener Publizisten Karl Kraus. Seit 1924 lebte sie im Hotel neben dem Theater am Nollendorfplatz. 1932 kam der Prosaband „Konzert" heraus. Es sollte ihr letztes in Deutschland erschienenes Buch bleiben. Von einer Horde Nazis auf der Straße tätlich angegriffen, emigrierte die „rassisch" und künstlerisch verfemte Dichterin im April 1933 in die Schweiz, später nach Palästina.

Hufeisensiedlung

Lowise-Reuter-Ring
Britz (Neukölln)
U-Bhf. Blaschkoallee (U7)

Die Hufeisensiedlung, 2008 ins Welterbe der UNESCO aufgenommen, wurde 1925–33 als Großsiedlung auf dem Terrain des ehemaligen Rittergutes Britz errichtet und nach der in Form eines Hufeisens angelegten zentralen Baugruppe benannt. Für die Pläne hatten Bruno Taut und Stadtbaurat Martin Wagner verantwortlich gezeichnet. Von Ersterem stammt der Wohnhausblock am Lowise-Reuter-Ring 15, von Letzterem der an der Stavenhagener Straße 4–32. Die Gartengestaltung lag in den Händen von Leberecht Migges. Die Siedlung zählt zu den ersten realisierten Projekten des sozialen Wohnungsbaus in Berlin. Einer der Bewohner der Siedlung war der Dichter Erich Mühsam.

In Theodor Plieviers 1954 publiziertem Roman „Berlin", der mit dokumentarischen Mitteln die letzten Wochen des Zweiten Weltkriegs nachzeichnet, wird die Siedlung zu einem der Schauplätze des Geschehens.

Es war nicht mehr ihr Hof – der hufeisenförmige, von Hauswänden und Blumenrabatten eingefaßte Platz war kein Hofplatz in Mariendorf mehr, war eine Karawanserei. Es war Asien, eine Nacht in Asien mit ruhenden Schatten, und es roch nach Heu und Pferdemist. Wagen und ausgespannte Pferde standen da, eine Kamelstute mit einem hochbeinigen Füllen am Euter. Die Front war über sie hinweggerollt. Wo der Hoflatz offen war, gloste Feuer. Der Horizont war rot gesäumt, über dem Teltowkanal hingen Qualmwolken.

Die Russen kämpften um den Weg nach Tempelhof.

„Du Nazi!" wurde Direktor Knauer angebrüllt.

„Du auch Nazi!" das betraf Putlitzer.

„Du auch … alle Nazi, alle an die Wand!"

Ein schrecklicher Irrtum […]

Riebeling, Knauer, Putlitzer, ein fast siebzigjähriger Vater, ein neunzehnjähriger Sohn standen an der Wand, ein Blitz riß durch ihre Augen und die Welt ging unter.

Die Salve krachte, und Kalk rieselte von der Mauer.

Die Schüsse fegten über ihre Köpfe hinweg, und es war nicht das Ende. Die Troßleute steckten ihre rauchenden Pistolen ein. Wildes Gelächter, Püffe, Schläge, diesmal gutgemeint. Alles war Spaß gewesen, die Erschießung war ein Spaß gewesen. Jetzt erst waren die fünf zu Tode getroffen und fühlten sich erbärmlich. Sie mußten sich anlehnen, einer machte sich die Hosen voll, ein anderer erbrach sich, ein dritter heulte fassungslos.

Wegen solch ungeschminkt dargestellter Grausamkeiten durfte das Buch, das Plieviers Roman-Trilogie über die Schlachten der Roten Armee gegen die deutsche Wehrmacht beschließt – anders noch als die Bände „Stalingrad" und „Moskau" – nicht mehr in der DDR erscheinen. Man warf ihm vor, den „historischen Charakter des Sieges der Sowjetunion" entstellt zu haben.

Der Autor, der 1929 mit dem Antikriegsroman „Des Kaisers Kuli“ Aufsehen erregt hatte, war nach dem Machtantritt Hitlers über mehrere Stationen in die Sowjetunion emigriert. Mit der Roten Armee kehrte er 1945 nach Deutschland zurück und fungierte zunächst in Weimar als Lizenzträger des Kiepenheuer Verlages, ehe er die sowjetische Besatzungszone in Richtung Westen verließ.

Rätsel gibt die Herkunft Plieviers auf, der stets darauf verwies, als Sohn einer kinderreichen Handwerkerfamilie in der Weddinger Wiesenstraße 29 geboren worden zu sein. Anhand der Adressbücher lässt sich aber weder in der Wiesen- noch in einer anderen Berliner Straße eine Familie dieses Namens nachweisen. Erstmals wird 1905 ein Theodor Plivier aufgeführt, seines Zeichens Privatier. Der Vater des späteren Schriftstellers? Demnach müsste die Familie zuvor in Untermietverhältnissen gelebt haben, so dass sie nicht in die Adressbücher Eingang fand. Oder übersiedelte sie erst zu diesem Zeitpunkt nach Berlin? Und wie verträgt sich der „Privatier“ mit Plieviers autobiographischen Auskünften, wonach der Vater häufig arbeitslos gewesen sei und schließlich eine Pachttoilette im Zirkus Busch betrieben habe? Damit war schwerlich ein Vermögen zu verdienen, das es anschließend gestattet hätte, die Existenz eines Privatmannes zu führen.

All diese Ungereimtheiten legen die Vermutung, dass der Autor gar nicht aus Berlin stammte, sondern sich des Namens lediglich als Pseudonym bediente.

Die frühesten Adressbucheinträge datieren denn auch erst von 1923–25. Da wohnt er in der Zionskirchstraße 32, später in der Rigaer Straße 86. Im Adressbuch von 1926 nicht vermerkt, taucht er im Folgejahr unter dem Namen Theodor Plievicz wieder auf. Als Anschrift wird die Landsberger Straße 32 (heute Landsberger Allee) genannt, die er mit kurzer Unterbrechung bis zur Emigration beibehalten sollte. Ab 1929 lautet der Namenseintrag: Plivie.

Falls denn aber schon ungesichert ist, wie dieser Mann überhaupt hieß und woher er stammte, muss die Frage erlaubt sein, ob nicht auch Teile des abenteuerlichen Lebens, das er in Europa, Australien und Südamerika als Matrose, Fischer, Koch, Viehtreiber, Bergmann, Barmixer und Goldwäscher geführt haben will, bevor er Schriftsteller wurde, reine Erfindung sind. Wer war Theodor Plievier wirklich? Ein neuer Fall B. Traven?

Jüdischer Friedhof Weißensee

Herbert-Baum-Straße 45
Weißensee
S-Bhf. Greifswalder Straße (S8, S9, S41, S42)

Da der seit 1827 bestehende Begräbnisplatz in der Schönhauser Allee durch die zunehmende Bebauung am Prenzlauer Berg keine Erweiterung gestattete, erwarb die Jüdische Gemeinde in den Gründerjahren ein über 40 ha großes Areal in Weißensee und übertrug dem Architekten Hugo Licht, Sieger des 1878 ausgeschriebenen Wettbewerbsverfahren, die weitere Planung. Bereits zwei Jahre später konnte der neue Friedhof eingeweiht werden.

Persönlichkeiten wie die Warenhausgründer Adolf Jandorf (KaDeWe) und Hermann Tietz, die Verleger Samuel Fischer und Rudolf Mosse, die Schriftsteller Karl Emil Franzos, Micha Josef Bin Gorion und Moritz Heimann, der Maler Lesser Ury, der Lyriker Ernst Blass oder der Publizist Theodor Wolff wurden in den folgenden Jahrzehnten hier beigesetzt. Eines der jüngeren Gräber ist das von Stefan Heym, der 2001 bei einem Aufenthalt in Israel starb.

An den Terror der NS-Zeit und den Völkermord an den Juden erinnern u. a. der Gedenkstein im Eingangsbereich des Friedhofes sowie ein Gräberfeld mit der Asche von mehr als 800 Menschen, die in den Konzentrationslagern umgebracht wurden.

In ihrem Buch „Damals, dann und danach" kommt Barbara Honigmann auf diesen Friedhof zu sprechen. Ihre Eltern, beide überzeugte Kommunisten, waren 1947 aus der Emigration in England nach Deutschland zurückgekehrt und hatten sich im sowjetisch besetzten Teil Berlins niedergelassen. Der Vater, Georg Honigmann, avancierte in der DDR zu einem der führenden Journalisten. Beharrlich geschwiegen wurde im Elternhaus jedoch über die jüdische Herkunft der Familie. Die Tochter begann sich als Jugendliche selbst damit zu beschäftigen, und der Weg führte sie oft auf den lange Zeit vernachlässigten Jüdischen Friedhof in Weißensee.

Ein riesiger Friedhof, einer der größten Europas, größer als Père-Lachaise, verwachsen, verwildert und die Grabsteine halb aufgefressen von Efeu und Rhododendronbüschen, die im Frühjahr riesige violette und weiße Blüten tragen.

Wie oft ich da herumgegangen bin, zwischen den Gräbern, Grabsteinen, pompösen Konstruktionen, ganzen Hallen, ja Mausoleen für die Levys, Altmanns, Salomons, die es zu etwas gebracht hatten.

Ich las die Namen, versuchte, alle Namen auf allen Gräbern zu lesen, sie waren denen meiner Eltern und Großeltern viel ähnlicher, oft waren es sogar dieselben, denn Weil und Fürst gab es hunderte, als die Namen meiner Mitschüler Krause, Wiesner, Wernecke. Ich las auch die Geburts- und Sterbeorte, die eine weitverzweigte Geografie Europas bildeten, die Sterbeorte lagen allerdings manchmal außerhalb Europas – Buenes Aires, Sidney, New York. Auf die hebräischen Buchstaben, die ich nicht lesen konnte, starrte ich, als ob sie vielleicht eine geheime, sehr wichtige Botschaft für mich enthielten, durch die sich das Rätsel meiner Herkunft offenbaren würde und das Schweigen meiner Eltern gebrochen werden könnte.

Barbara Honigmann studierte Theaterwissenschaften und arbeitete danach als Dramaturgin und Regisseurin, darunter an der Ostberliner Volksbühne und dem Deutschen Theater. Als Autorin debütierte sie mit Theaterstücken und Hörspielen für Kinder. Ende der 1970er Jahre trat sie in die Jüdische Gemeinde ein und übersiedelte 1984 nach Straßburg. Mit dem zwei Jahre später in der Bundesrepublik erschienenen Erzählungsband „Roman von einem Kinde", der ihre Erfahrungen als Jüdin in der DDR zur Sprache bringt, gelang ihr der internationale Durchbruch als Schriftstellerin. Dem Thema der vielfach gebrochenen deutsch-jüdischen Geschichte hat sie sich seither immer wieder in ihren Romanen und Erzählungen gestellt, so auch in den Büchern „Ein Kapitel aus meinem Leben" oder „Das überirdische Licht".

Karl-Marx-Allee

Mitte/Friedrichshain

U-Bhf. Strausberger Platz (U5)

» Einkehrtipp: Restaurant Haus Berlin, Strausberger Platz 1

Die Große Frankfurter Straße wurde 1949 in Stalinallee umbenannt und in den 1950er Jahren mit stilistischen Anleihen an die sowjetische Architektur wie auch den Berliner Klassizismus zum monumentalen Prachtboulevard Ostberlins ausgebaut. Das Renommierprojekt der DDR-Führung geriet weltweit in die Schlagzeilen, als sich hier am Vortag des 17. Juni 1953 die Bauarbeiter zum Protestzug formierten, um gegen die katastrophale Versorgungslage der Bevölkerung und vor allem gegen die vom Zentralkomitee der SED beschlossene Erhöhung der Arbeitsnormen Front zu machen. Der Protest, der alsbald in Forderungen nach Absetzung der Regierung und freien Wahlen mündete, leitete eine Massenerhebung in der DDR ein, die schließlich blutig niedergeschlagen wurde.

Im Zuge der von Chruschtschow angestoßenen Entstalinisierung erhielt die Straße 1961 den Namen Karl-Marx-Allee, diente aber weiterhin als Aufmarschmeile für die staatlich gelenkten Umzüge am 1. Mai oder die Militärparade am 7. Oktober, dem „Geburtstag der Republik“. In dem Roman „Boxhagener Platz“ von Torsten Schulz muss der halbwüchsige Ich-Erzähler seine Großmutter ausgerechnet an einem solchen Tag zum Friedhof begleiten:

Keine Viertelstunde und wir waren an der Karl-Marx-Allee. Wie jedes Jahr zum 7. Oktober fuhren Panzer und Raketenwerfer mit lautem Dröhnen die Allee hinunter. Soldaten schauten aus den Fahrzeugluken und ließen sich von Spalier stehenden Männern und Frauen, Jungen und Mädchen zuwinken. Es war mir jedes Mal aufs Neue peinlich, mit dieser Gießkanne herumzulaufen. Noch peinlicher aber war es mir, mich in unmittelbarer Nähe der Jubelnden zu befinden und womöglich mit denen in einen Topf geworfen zu werden. Am peinlichsten war die Situation durch das lautstarke Zetern meiner Großmutter. Na ja, wenigstens konnte ich von ihr lernen, wie man tüchtig schimpft.

„Jetzt versperr'n die einem schon 'n Weg zum Friedhof, die Aas-

bande", rief sie mir wütend zu. Die Aasbande, das waren „die Kommunistensäcke" oder „Ulbrichts Halunken", wie Oma Otti sie zu anderen Gelegenheiten auch nannte. Sie fuchtelte mit der langstieligen Harke in der Luft herum, als wolle sie den Armeefahrzeugen drohen. Mein Gott, dachte ich, hoffentlich sieht mich niemand, der mich kennt!

Während 1968 im Westteil der Stadt die Studentenunruhen ihrem Höhepunkt zustreben, scheint es hier, am Boxhagener Platz in Ostberlin, eher gemächlich zu zugehen. Aber der erste Blick trügt. Hinter den Kulissen rumort es.

Der studierte Filmwissenschaftler Torsten Schulz gab 2004 mit diesem witzig lakonischen Roman sein Debüt als Erzähler. 2008 legte er mit dem Geschichtenband „Revolution und Filzläuse" nach. Seit den 1990er Jahren schon hat sich der gebürtige Berliner, der heute als Professor an der Hochschule für Film und Fernsehen in Potsdam-Babelsberg tätig ist, darüber hinaus auch als Drehbuchautor und Regisseur einen Namen gemacht.

Karlsbader Straße

Schmargendorf (Wilmersdorf)
S-Bhf. Hohenzollerndamm (S41, S42, S46)
» Einkehrtipp: Habel-Weinstube Roseneck, Hohenzollerndamm 93

Die erste urkundliche Erwähnung Schmargendorfs stammt von 1354; vermutlich schon auf den Anfang des 14. Jahrhunderts geht der Bau der Dorfkirche zurück. 1920 wurde der Ort nach Groß-Berlin eingemeindet, ohne aber bis heute seinen vorstädtischen Charakter verloren zu haben.

In der 1891 benannten Karlsbader Straße fand der 33-jährige Günter Grass mit seiner Familie eine Wohnung, als er 1960 nach Westberlin übersiedelte. In dem Buch „Die Box. Geschichten aus der Dunkelkammer" lässt er aus den Erinnerungsstücken seiner Kinder ein humorvolles und selbstkritisches Bild von sich selbst entstehen. So haben die beiden ältesten Söhne noch eine deutliche Vorstellung von den schriftstellerischen Anfängen des Vaters und der ersten Berliner Bleibe:

Da wohnten wir noch in dem Haus in der Karlsbader, in dem nur rechts von der Treppe unter uns Mieter wohnten: ne alte Dame mit ihrem Sohn, der beim Rundfunk – weiß nicht, ob beim RIAS oder SFB – irgendwas Wichtiges darstellte. Und unten, fast im Keller, gabs ne Wäscherei.

Doch links von der Treppe bis hoch zum Dachstuhl war alles Ruine. Zwei, drei ausgebrannte Wohnungen. Und unterm kaputten Dach nur verkohltes Gebälk, mit einem Warnschild davor. Stand bestimmt „Betreten verboten!" drauf oder ähnliches [...]

Aber unsere Wohnung, die im Krieg nicht gebrannt hatte, war viel größer als die in Paris, wo wir nur in zwei Zimmern, weil Vater und Mutter immer knapp Geld hatten und an allem sparen mussten. Nun aber konnte Vater, weil er nämlich mit seiner „Blechtrommel" richtig Knete gemacht hatte, für uns und seine vielen Gäste sogar Hammelkeulen kaufen und mit nem Taxi in die Stadt, wenn ihm für sein Hundebuch, das er in der Mache hatte, nichts einfallen wollte ...

Günter Grass hatte nach Kriegsteilnahme und Rückkehr aus amerikanischer Gefangenschaft eine Lehre als Steinmetz absolviert und danach Grafik und Bildhauerei in Düsseldorf und Berlin studiert. Neben der künstlerischen Arbeit wandte er sich allerdings auch schon früh dem Schreiben zu und debütierte 1956 mit dem Lyrikband „Die Vorzüge der Windhühner". Ein Jahr später wurde sein Theaterstück „Hochwasser" uraufgeführt. Während des Paris-Aufenthaltes entstand der Roman „Die Blechtrommel", der 1959 erschien und seinen Autor weltbekannt machte. Aus den Jahren in der Karlsbader Straße datieren die Novelle „Katz und Maus" und der Roman „Hundejahre", die die „Danziger Trilogie" beschließen.

Keithstraße

Tiergarten

U-Bhf. Wittenbergplatz (U1, U2, U3)

In den 1870er Jahren begann der Ausbau der Straße, deren Namenspate Generalfeldmarschall James Francis Edward Keith ist. Der schottische Adlige war 1747 in den Dienst Preußens getreten und zwei Jahre später von Friedrich II. zum Gouverneur von Berlin ernannt worden. Er fiel im Siebenjährigen Krieg.

Nachdem ihr Gatte, Baron Geert von Innstetten, nach Berlin versetzt worden ist, mietet Effi Briest, Theodor Fontanes berühmteste Romanfigur, für sich und die Familie eine Wohnung in einem gerade fertig gestellten Neubau in der Keithstraße.

Effi brachte selber den Brief zur Post, als ob sie dadurch die Antwort beschleunigen könne, und am nächsten Vormittage traf denn auch das erbetene Telegramm von Innstetten ein: „Einverstanden mit allem." Ihr Herz jubelte, sie eilte hinunter und auf den nächsten Droschkenstand zu. „Keithstraße 1c." Und erst die Linden lang und dann die Tiergartenstraße hinunter flog die Droschke, und nun hielt sie vor der neuen Wohnung.

Oben standen die den Tag vorher eingetroffenen Sachen noch bunt durcheinander, aber es störte sie nicht, und als sie auf den breiten aufgemauerten Balkon hinaustrat, lag jenseits der Kanalbrücke der Tiergarten vor ihr, dessen Bäume schon überall einen grünen Schimmer zeigten. Darüber aber ein klarer blauer Himmel und eine lachende Sonne.

Wenngleich die Wohnung noch für einige Zeit trocken gewohnt werden muss, ist die Adresse im vornehmen Tiergartenviertel standesgemäß. Dem gemeinsamen Familienglück scheint nun nichts mehr im Wege zu stehen. Doch Innstetten findet Jahre später, während Effi zur Kur in Ems weilt, jene Briefe aus der Kessiner Zeit, die ihr Major von Crampas geschrieben hat und aus denen beider Beziehung hervorgeht. In den Moralkonventionen seiner Kaste befangen, fordert Innstetten den einstigen Freund und Regimentskameraden zum Duell. Das Unglück nimmt seinen Lauf.

Fontane hat sich häufig der Straßen im Umfeld des Tiergartens bedient, wo er zumeist die adligen und großbürgerlichen Protagonisten seiner Romane ansiedelte. Seit 1872 lebte er in der Potsdamer Straße 134c und gehörte selbst zu den Bewohnern des „Geheimratsviertels", wie es der Volksmund scherzhaft nannte.

Mit dem 1895 erschienenen Roman „Effi Briest", der in die Weltliteratur einging, war der inzwischen 77-Jährige zum ersten Mal auch kommerziell erfolgreich.

Klosterstraße

Mitte

U-Bhf. Klosterstraße (U2)

» Einkehrtipp: Restaurant Zur letzten Instanz, Waisenstraße 14–16

Der Name der Straße kam im 18. Jahrhundert in Gebrauch und leitet sich von dem mittelalterlichen Kloster des Franziskanerordens ab, das hier gestanden hatte. Nach der Säkularisierung war es 1574 zur höheren Bildungsanstalt umfunktioniert worden. Zu den späteren Schülern des Gymnasiums Zum Grauen Kloster gehörten Friedrich Ludwig Jahn, Karl Friedrich Schinkel und Otto von Bismarck. Nach der Zerstörung im Zweiten Weltkrieg blieb von der Anlage lediglich die Ruine der Klosterkirche erhalten. In die Straße verschlägt es bei einem Streifzug durch die Stadt den japanischen Student Ota Toyotaro aus Mori Ogais Novelle „Die Tänzerin“:

Es geschah eines Abends. Ich war im Tiergarten spazierengegangen, war über die Allee Unter den Linden dann in Richtung Monbijou-Straße gegangen, wo ich wohnte, und bis zur alten Kirche in der Klosterstraße gekommen. Ich weiß nicht, wie oft ich nach der Durchquerung des Lichtermeeres der Großstadt in diese enge, düstere Seitenstraße eingebogen bin und dann, gegenüber den Wohnhäusern, über deren Balkongeländer noch vom Morgen her Bettzeug und Nachthemden zum Auslüften gehängt waren, der billigen Wirtschaft, in deren Eingang ein alter Jude mit langen Schläfenlocken wartete, und einem Mietshaus, dessen eine Treppe direkt nach oben führte, während die andere Treppe in die Kellerwohnung, in welcher der Schmied hauste, hinabführte – ich weiß nicht, wie oft ich dort vor der etwas zurückgesetzt errichteten dreihundertjährigen Kirche auf der anderen Straßenseite stand und wie benommen aufgeblickt habe.

Hier begegnet der Ich-Erzähler der blutjungen Tänzerin Elise, in die er sich augenblicklich verliebt. Als er zu ihr zieht und sich öffentlich zu dem Verhältnis bekennt, wird ihm von der Botschaft das Stipendium gestrichen. Mit Arbeiten für Zeitungen in seiner Heimat und als Übersetzer versucht er, sich und die Geliebte, die inzwischen schwanger geworden ist, über Wasser zu halten. Doch dann erhält er von Minister Amakata, dem er bei dessen Berlin-Aufenthalt und während einer Russlandreise erfolgreich Dolmetscherdienste geleistet hat, das Angebot, nach Japan zurückzukehren und mithin wieder in den Staatsdienst einzutreten. Eine Absage an den ranghohen Protegé verbietet sich.

Mit dieser 1890 erstmals veröffentlichten Novelle wurde Mori Ogai zu einem der Begründer der modernen japanischen Literatur. Er selbst hatte von 1884 bis 1888 in Leipzig, München und zuletzt in Berlin studiert, wo er sich ebenfalls unglücklich verliebte. Als Militärmediziner machte er in Japan eine steile Karriere und schuf daneben ein breit gefächertes literarisches Werk, das Romane, Erzählungen, Gedichte, Dramen und zahlreiche Übersetzungen, darunter Goethes „Faust", umfasst. Den hiesigen Aufenthalt hielt er in seinem „Deutschlandtagebuch" fest.

Knesebeckstraße

Charlottenburg
S-Bhf. Savignyplatz (S3, S5, S7, S75)

Namensgeber der 1866 benannten Straße ist der Militär Karl Friedrich Freiherr von dem Knesebeck, der den preußischen König 1806 in der Schlacht bei Auerstädt davor bewahrt hatte, von den französischen Truppen gefangen genommen zu werden.

Von einer ganz anderen Rettungstat berichtet Inge Deutschkron in ihrem Buch „Ich trug den gelben Stern". 1943, jeden Tag war mit der Deportation zu rechnen, fand sie gemeinsam mit ihrer Mutter Zuflucht in der Knesebeckstraße 17. Die couragierten Eheleute Emma und Franz Gumz betrieben im Parterre des Hauses eine Wäscherei und Plättanstalt und hatten sich selbst erboten, die beiden in einer Kammer hinter den Ladenräumen zu verstecken:

An meinem Tagewerk änderte sich zunächst gar nichts. Meine Mutter fand sich schwerer in das Nichtstun. Sie bemühte sich, im Haushalt zu helfen, aber das gelang nicht so recht, denn die Familie Gumz hatte keinen geregelten Tagesablauf. Es gab keine festen Mahlzeiten. Jeder aß, wann es ihm gerade einfiel. Meine Mutter konnte auch nicht einmal in der Küche helfen, denn der Herd stand im Laden, wo die Wäsche zum Trocknen von der Decke hing, die Plätterin mit dem Gasbügeleisen über gestärkte Kragen fuhr und die Heißmangel fast ständig in Betrieb war. Während das Mittagessen auf dem Herd brodelte, nahm Frau Gumz Pakete schmutziger Wäsche entgegen, legte sie zum Sortieren bereit und händigte die saubere Wäsche an die Kunden aus. Meine Mutter war immer froh, wenn ich nach Hause kam und ihr bei ihrer Untätigkeit Gesellschaft leistete. Wenn sie Frau Gumz ihr Leid klagte, daß sie sich so überflüssig vorkomme, gab ihr Frau Gumz ein Paar Strümpfe zum Stopfen und sagte: „Aber seien Sie doch froh; ruhen Sie sich doch ein bißchen aus." Das schlichte Gemüt der Frau konnte nicht fassen, dass die neue Situation als „Illegale" meiner Mutter keine Ruhe ließ. Dennoch schliefen wir in den ersten Tagen unserer Illegalität sehr viel ruhiger als zuvor, denn die Sorge bedrückte uns nicht mehr, was der nächste Tag an Schikanen und Quälereien bringen würde.

Dank dieser und anderer Helfer, zu denen auch der Bürstenfabrikant Otto Weidt gehörte, überlebten die beiden Frauen den Terror des NS-Regimes. Inge Deutschkron ging nach dem Krieg nach England, wo sie ein Fremdsprachenstudium aufnahm und anschließend für die Sozialistische Internationale tätig war. Mitte der 1950er Jahre kehrte sie nach Deutschland zurück und arbeitete in Bonn als freie Journalistin. Heute lebt sie in Tel Aviv und Berlin. In ihrem 1996 veröffentlichten Buch „Sie blieben im Schatten. Ein Denkmal für ‚stille Helden'" hat sie sich jener oft Namenlosen angenommen, die in der Nazi-Zeit, ungeachtet dessen, dass sie selbst verhaftet werden konnten, jüdischen Menschen halfen.

Ehemaliges Königstädtisches Theater

Alexanderplatz 1/2
Königstadt (Mitte)
S- und U-Bhf. Alexanderplatz (S3, S5, S7, S75 / U2, U5, U8)

An der Südostseite des Platzes vor dem Königstor entstand 1823/24 das Königstädtische Theater. Die baulichen Pläne stammten von Carl Theodor Ottmer, der wenig später auch das Gebäude der Singakademie errichtete. In Personalunion Besitzer und Direktor der Bühne war Carl Friedrich Cerf, der sich als Pferdehändler die besondere Gunst von Friedrich Wilhelm III. erworben hatte und dessen Protektion genoss.

Auf seiner im Spätsommer 1826 angetretenen Deutschlandreise, die ihn bis nach Berlin führte, stattete der österreichische Finanzbeamte und Dramatiker Franz Grillparzer dem Cerfschen Musentempel einen Besuch ab und notierte ins Tagebuch:

> *Das Königstädtische Theater von außen recht hübsch, weite Vorhallen, breite Gänge. Das Innere nicht minder gut. Drei Reihen Galerien übereinander. Die Vertäfelung des Proszeniums unschicklicherweise von der Bühne heraus gegen Parterre und Orchester gerückt. Muß das nicht der Wirkung der Stimme Schaden tun? Die übrigen Einrichtungen vom Leipziger Theater erborgt oder umgekehrt. Man gab ein elendes Lustspiel von Clauren: Das Doppelduell. Die Gesellschaft ungefähr so schlecht als das Personal unserer Josefstädter Bühne. Eine Madame Holzbecher wenigstens als Frauenzimmer hübsch. Über Spitzedern erschrak ich. So ohne alle Komik, so stümperhaft hatte ich ihn mir nicht vorgestellt. Der andere Komiker Angely langweilig bis zum Sterben. Das Publikum lachte sehr über beide. Hierauf folgte: Zum goldenen Löwen. Hier war Spitzeder besser. Übrigens beruht sein Spiel (wie schon in Wien) mehr auf einer Anhäufung äußerer Possen, als auf wirklich innerer komischer Kraft. Für letztere scheint man im nördlichen (protestantischen?) Deutschland überhaupt wenig Sinn zu haben. Angely in diesem Stück so schlecht als im vorhergehenden. Ich war müde und ging vor dem Ende.*

Nach ersten Bühnenerfolgen in Wien waren die Stücke Franz Grillparzer immer wieder der metternichschen Zensur zum Opfer gefallen, so auch das historische Drama „Ottokars Glück und Ende". Mit der Reise, zu deren Stationen außerdem Prag, Dresden, Leipzig und Weimar gehörten, suchte er sich aus seiner „Indolenz herauszureißen" und Abstand zu den politischen Verhältnissen in seiner Heimat zu gewinnen. Inwieweit ihm das gelang, lässt sich lediglich erahnen, da er die Tagebucheintragungen abbrechen musste. In seinem Berliner Logis, dem Hotel König von Portugal, verletzte er sich mit dem Barbiermesser so unglücklich den rechten Zeigefinger, dass der Arzt ihm alles Schreiben für die nächste Zeit verbot.

Auftrieb für sein literarisches Schaffen scheint ihm die Luftveränderung dennoch gegeben zu haben. Nach der Rückkehr in Wien begann er mit dem Trauerspiel „Ein treuer Diener seines Herrn", dessen erfolgreiche Uraufführung 1828 stattfand. 1831 beendete er das Trauerspiel „Des Meeres und der Liebe Wellen", zwei Jahre später das Libretto zu Conradin Kreutzers Oper „Melusina", die auch auf die Bühne des Königstädtischen Theaters kam. Mit seinen Stücken, in denen er sich unterschiedlichste Traditionen produktiv zu machen wusste und Themen wie Figuren psychologisch tief auslotete, wurde Grillparzer zum Erneuerer der deutschsprachigen Dramatik in der Mitte des 19. Jahrhunderts.

Soviel Wirkung war dem Königstädtischen Theater, trotz Auftritten von Opernstars wie Henriette Sontag oder Jenny Lind, nicht beschieden. Das Haus schloss 1851 seine Pforten, nachdem es während der Achtundvierziger Revolution noch einmal kurzzeitig im Brennpunkt gestanden hatte. Freilich nicht als Kulturinstitution, sondern als unfreiwillige Waffenkammer, wie Theodor Fontane sich in seiner Autobiographie „Von Zwanzig bis Dreißig" erinnert. Am 18. März 1848 war er, damals noch Apothekergehilfe, ebenfalls auf den Beinen gewesen und gerade beim Versuch gescheitert, in die verschlossene Georgenkirche einzudringen, deren Glocken er für die Revolution hatte Sturm läuten wollen:

Schweißtriefend kam ich von dem stillen Kirchplatz in die Neue Königstraße zurück, auf der eben vom Tor her ein Arbeiterhaufen heranrückte, lauter ordentliche Leute, nur um sie herum etliche verdächtige Gestalten. Es war halb wie eine militärische Kolonne, und ohne zu wissen, was sie vorhatte, rangierte ich mich ein und ließ mich fortreißen. Es ging über den Alexanderplatz weg auf das Königstädter Theater zu, das alsbald wie im Sturm genommen wurde. Man brach aber nicht von der Front, sondern von der Seite her ein und besetzte hier, während einige die Bescheid wußten, bis in die Garderoben und Requisitenkammern vordrangen, einen Vorraum, wahrscheinlich eine Pförtnerstube, drin ein Bett stand. Über dem Bett hing eine altmodische silberne Uhr, eine sogenannte Pfunduhr, mit dicken Berlocken und großen römischen Zahlen. Einer griff danach. „Nicht anrühren", donnerte von hinten her eine Stimme rüber, und ich konnte leicht wahrnehmen, daß es ein Füh-

rer war, der da, von seinem Platz aus, nach dem Rechten sah und dafür sorgte, daß das mehr und mehr sich mit einmischende Gesindel nicht aufkomme. Mittlerweile hatten die weiter in den Innenraum Eingedrungenen all das gefunden, wonach sie suchten, und in derselben Weise, wie sich beim Hausbau die Steinträger die Steine zuwerfen, wurde nun, von hinten her, alles zu uns herübergereicht: Degen, Speere, Partisanen und vor allem kleine Gewehre, wohl mehrere Dutzend.

Und weiter gibt Fontane seiner Leserschaft zum besten, dass er sich des erbeuteten Gewehrs (es war angeblich in einem mangelhaften Zustand und von ihm obendrein mit zu viel Pulver geladen worden) umgehend entledigt und sich von der Barrikade am Alexanderplatz entfernt habe, um den Geschehnissen von da an nur noch aus der Ferne beizuwohnen. Zweifel sind angebracht. Als gedienter Gardegrenadier, drei Jahre zuvor erst vom Militär entlassen, dürfte er kaum derart dilettantisch mit einer Schusswaffe umgegangen sein, wie er es hier beschreibt. Außerdem kürten ihn die Bewohner seines Viertels Wochen später zum Wahlmann für die vom König gezwungenermaßen in Aussicht gestellte verfassungsgebende Volksvertretung. Einen „Unbeteiligten" wie ihn? Nein, hier wurde wohl das eigene revolutionäre Engagement mundgerecht für ein Publikum aufbereitet, das sich im Kaiserreich in Sachen Demokratie längst alle Zähne hatten ziehen lassen.

Konzerthaus Berlin

Friedrichstadt (Mitte)
U-Bhf. Französische Straße (U6)
» Einkehrtipp: Lutter & Wegner am Gendarmenmarkt, Charlottenstraße 56

Nachdem das von Carl Gotthard Langhans erbaute Nationaltheater im Juli 1817 abgebrannt war, erhielt Karl Friedrich Schinkel vom König den Auftrag, das neue Gebäude zu errichten. Es wurde nach 3-jähriger Bauzeit im Mai 1821 fertig gestellt und allgemein als Meisterwerk empfunden. Auch der Publizist Ludwig Börne gehörte zu den Bewunderern des Hauses und war besonders von der Innenausstattung begeistert, wie er seiner Freundin Jeanette Wohl 1828 nach Frankfurt a. M. schrieb:

Ich komme aus einem Konzert, das eine Sängerin im Saale des Schauspielhauses gegeben. Der Saal ist zauberisch schön. Eine höchst sinnige Vereinigung von Pracht und Zierlichkeit und von Reichtum und Geschmack. Weißer Marmor und Gold und Grün und Rot und Säulen und die Galerie, Nebenzimmer, in Nischen die Büsten aller dramatischen Dichter und Tonkünstler und Schauspieler, die sich berühmt gemacht, es ist wundervoll, und ich habe noch auf keinem Theater einen gemalten Dekorations-Saal gesehen, der so malerisch gewesen als dieser wirkliche ist. Er mußte mich auch entschädigen für das langweilige Konzert, wohin mich Mad. Mendelssohn geführt hatte.

Der gebürtige Frankfurter Ludwig Börne kam, nachdem er schon als Student in Berlin geweilt hatte, noch einmal 1828 in die Metropole an der Spree. Wechselvolle Jahre als Redakteur und Herausgeber verschiedener Zeitschriften, die allesamt von der Zensur verboten worden waren, lagen hinter dem 42-Jährigen. Aber auch in der preußischen Hauptstadt ergab sich für einen kritischen Geist wie ihn keine angemessene Betätigung. Nach nur zwei Monaten Aufenthalt reiste er Ende April wieder ab. 1830 ließ er sich in Paris nieder, wo er mit den „Briefen aus Paris“ (1832) und den „Neuen Briefen aus Paris“ (1833/34) zu einer der einflussreichsten publizistischen Stimmen des deutschen Vormärz wurde.

Das Königliche Schauspielhaus, von Beginn an als Sprechtheater wie auch als Konzert- und Opernbühne genutzt, war rasch zu einer der ersten Adressen im Kulturleben Berlins avanciert. Bereits im Eröffnungsjahr hatte im Haus Carl Maria von Webers Oper „Der Freischütz“ ihre Uraufführung erlebt. Hier fand 1826 die denkwürdige Berliner Erstaufführung von Ludwig van Beethovens 9. Sinfonie statt. Am Flügel saß der 17-jährige Felix Mendelssohn Bartholdy. Nicolò Paganini und Franz Liszt gaben umjubelte Konzerte. Und Richard Wagner dirigierte hier seine Oper „Der fliegende Holländer“. Ab 1870 berichtete Theodor Fontane als Kritiker der Vossischen Zeitung regelmäßig über die Theateraufführungen.

Die 1918 in Preußisches Staatstheater umbenannte Spielstätte zählte während des Dritten Reiches zu den besonders von Hermann Göring gehätschelten Kultureinrichtungen und fungierte, unter Gustaf Gründgens, als Aushängeschild braunen Kulturverständnisses.

Noch in den letzten Wochen des Zweiten Weltkrieges wurde das Gebäude zerstört, das seit dem Wiederaufbau 1979–84 nun ausschließlich der Musik vorbehalten ist.

Krummendammer Heide

Köpenick

S-Bhf. Friedrichshagen / S-Bhf. Rahnsdorf (S3)

Rund um den Müggelsee befindet sich das größte zusammenhängende Waldgebiet Berlins. Es diente einstmals als königliches Jagdrevier. Nördlich des Sees erstreckt sich zwischen den Ortsteilen Friedrichshagen und Rahnsdorf die Krummendammer Heide. Südlich des Sees schließt der Berliner Stadtforst mit den Müggelbergen an.

Auf der Flucht vor dem Getriebe der Großstadt zieht es hierhin immer wieder einen der beiden Ich-Erzähler in Reinhard Jirgls 2005 erschienenem Roman „Abtrünnig". Es ist der Sohn eines Bauern aus dem Wendland, der als Journalist in Hamburg tätig gewesen war und den es nach der Scheidung und durch eine neue Frau in das wiedervereinte Berlin verschlagen hat.

> *Immer länger in die Tagesstunden dehnten sich meine Spaziergänge durch die Wälder um Berlin – am liebsten u am längsten in die Krummendammer Heide und durch den Berliner Stadtforst. Denn Hier nur ver1zelt, u im Gegensatz zum Grunewald, der Jogger=Pöbel der durch die Wälder bricht, die säuischen Schweißgerüche hemmungslos allen Vorübergehenden um die Sinne haut, samt dieser Blödlinge, die mit Schistöcken in Händen dahinstochernd alle Wege verstopfen, od baufällige Alte, die Arme angewinkelt & wie Kolben schwingend, röchelig daherschnaufend wie Kinder, die Lokomotive spieln –: in teuren Autfitz! was für absurde Krepel … Dagegen Hier, in den beiden Forsten, war ich oft in schönster Einsamkeit u mußte Keinenmenschen sehn.*

Der „Roman aus der nervösen Zeit", der die Doppelbiographie zweier Gestrandeter entwirft, die sich, einem Franz Biberkopf darin nicht unähnlich, der Stadt als Gegenspieler erwehren müssen, ist keine leichte Kost, aber eines der stärksten Erzählwerke der letzten Jahre.

Reinhard Jirgl arbeitete nach dem Elektronikstudium als Ingenieur, gab den Beruf jedoch schon nach drei Jahren auf und wechselte 1978 als Techniker an die Volksbühne, um mehr Zeit zum Schreiben zu finden. Veröffentlicht wurden seine Arbeiten in der DDR nicht. Erst 1990 konnte sein „Mutter Vater Roman“ erscheinen. Für sein inzwischen umfangreiches erzählerisches Schaffen erhielt er 2010 den Büchner-Preis.

Kurfürstendamm

Charlottenburg/Halensee

S- und U-Bhf. Zoologischer Garten (S3, S5, S7, S75 / U2, U9)

» Einkehrtipp: Restaurant Balthazar, Kurfürstendamm 160

Ursprünglich als Reitweg für Kurfürst Joachim II. zwischen dem Berliner Stadtschloss und dem Jagdschloss Grunewald angelegt, begann auf Initiative des Reichskanzlers Otto von Bismarcks ab den 1880er Jahren der Ausbau des bis dahin primitiven Knüppeldamms zum großstädtischen Boulevard. Vorbild waren die Pariser Champs Elysées.

Kaiser-Wilhelm-Gedächtniskirche, Breitscheidplatz

Eingangs der Straße, am Auguste-Viktoria-Platz (heute Breitscheidplatz), wurde nach Plänen des Architekten Franz Heinrich Schwechten 1895 die Kaiser-Wilhelm-Gedächtniskirche und fünf Jahre später die Randbebauung des Platzes – das Romanische Forum – fertig gestellt. In den 1920er Jahren wandelte sich die vornehme Wohnallee zur mondänen Geschäfts- und Vergnügungsmeile. Der Ku'damm, wie er bald hieß, übte fortan nicht nur auf die Berliner, sondern auch auf die Zugezogenen, insbesondere die russischen Emigranten, eine geradezu magnetische Wirkung aus.

Der Schriftsteller Viktor Schklowski, der im April 1922 nach Berlin kam und noch im selben Jahr seinen autobiographischen Roman „Zoo oder Briefe nicht über die Liebe" herausbrachte, schreibt:

> *Die Russen in Berlin ziehen ihre Kreise um die Gedächtniskirche wie Fliegen um den Kronleuchter. Und wie an Kronleuchtern Papierkügelchen mit Fliegengift baumeln, so sitzt oben am Turmkreuz der Kirche eine seltsam stachlige Nuß.*
>
> *Die Straßen, die man von der Höhe der Nuß sieht, sind breit. Die Häuser gleichen einander wie Koffer. Auf den Straßen spazieren Damen in Sealmänteln und schweren Lederüberschuhen, und unsereins mittendrin im mausgrauen Mäntelchen mit Sealbesatz.*
>
> *Durch die Straßen gehen Schieber in rauhwollenen Paletots und, paarweise, russische Professoren, die Hände mit dem Regenschirm auf dem Rücken verschränkt. Straßenbahnen gibt es viele, doch lohnt es nicht, darin eine Stadtfahrt vorzunehmen, weil die Stadt sich überall gleicht. Die Paläste sind Konfektionsware. Die Denkmäler sehen aus wie Tafelaufsätze. Wir fahren nirgendwohin, wir leben zuhauf unter den Deutschen wie ein See inmitten seiner Ufer.*

Schklowski hatte nach der Februar-Revolution 1917 hohe politische Ämter in St. Petersburg übernommen und musste nach dem Sturz der sozialrevolutionären Regierung von Alexander Kerenski durch die Bolschewiki in den Untergrund gehen. Der mit Lenin befreundete Maxim Gorki verwendete sich für den jungen Kollegen, so dass dieser zunächst unbehelligt blieb. Als wenig später aber aus dem Kreml die Order kam, die den deutschen Sozialdemokraten nahe stehenden Anhänger Kerenskis mit aller Härte zu verfolgen, geriet Schklowski neuerlich in Gefahr.

Über Finnland floh er nach Deutschland und strandete schließlich in Berlin. Unweit des Kurfürstendamms, in der Kaiserallee 207 (heute Bundesallee), fand er Unterkunft in einer Pension.

Im Sommer 1928, während der Semesterferien, kam der Chemiestudent Elias Canetti nach Berlin. Die ungarische Dichterin Ibby Gordon, die er aus Wien kannte und in die er verliebt war, hatte ihm eine Tätigkeit im Malik-Verlag vermittelt, wo er Wieland Herzfelde für eine geplante Biographie über den amerikanischen Erfolgsautor Upton Sinclair behilflich sein sollte. Ein Zimmer brauchte sich der junge Mann nicht zu suchen, da ihm der Verleger die eigene Wohnung zur Verfügung stellte. In seinem Erinnerungsbuch „Die Fackel im Ohr" lässt Canetti diese Zeit noch einmal lebendig werden:

Wieland Herzfelde hatte eine Dachwohnung im Hause Kurfürstendamm 76. Das Haus lag mitten im Trubel, aber so hoch oben schien es ruhig, da dachte man wenig an den Lärm. Für den Sommer wohnte er mit seiner Familie in Nikolassee draußen, einen Teil der Stadtwohnung hatte er vermietet, einen weiteren Teil stellte er mir für die Arbeit zur Verfügung. Ich bekam ein kleines Schlafzimmer und gleich daneben ein Arbeitszimmer mit einem schönen, runden Tisch. Da lag alles aufgehäuft, was ich für die Arbeit brauchte. So blieb ich, was mir sehr lieb war, ungestört. Ich mußte nicht in den Verlag, wo es eng und laut war [...]

Da war ich also in Berlin, ich ging keine zehn Schritte, ohne jemand zu begegnen, der berühmt war. Wieland kannte jeden und machte mich gleich mit jedem bekannt. Ich war hier niemand und war mir wohl dessen bewusst, ich hatte nichts getan, mit 23 bestand ich aus nichts als Zuversicht. Aber es war erstaunlich, wie man behandelt wurde: nicht mit Mißachtung, sondern mit Neugier, und ganz besonders ohne Verdammungsurteil.

Nach Wien zurückgekehrt, schloss er sein Studium mit der Promotion ab, ohne aber je den Beruf des Chemikers auszuüben. Unter dem Einfluss des Satirikers Karl Kraus wandte er sich stattdessen mehr und mehr der Literatur zu. Angeregt u. a. durch die Erfahrungen in Berlin, entstand sein erster Roman, der 1935 unter dem Titel „Die Blendung" erschien. Nach dem „Anschluss" Österreichs musste der in Bulgarien als Sohn spanisch-jüdischer Eltern geborne Canetti seine Wahlheimat Wien verlassen und ging nach London. Die deutsche Sprache, die er erst mit acht Jahren erlernt hatte, blieb jedoch lebenslang sein Handwerkszeug. Ab 1977 erschien sein autobiographischer Zyklus, zu der außer dem schon erwähnten Band „Die gerettete Zunge", „Das Augenspiel" und „Party im Blitz" gehören. Für sein Werk, das Romane, Erzählungen, Dramen und Essays umfasst, wurde er 1981 mit dem Nobelpreis für Literatur geehrt.

Der Kurfürstendamm ist auch die Adresse von Sally Bowles, eine der Figuren in Christopher Isherwoods 1935 veröffentlichtem Roman „Leb wohl, Berlin":

Sie wohnte weit oben am Kurfürstendamm, an dem letzten öden Stück, das nach Halensee hinaufführt. Eine dicke, schmuddlige Wirtin mit den sackartigen Hängebacken einer Kröte führte mich in ein großes, düsteres, halb eingerichtetes Zimmer. In einer Ecke stand ein zusammengebrochenes Sofa, und an der Wand hing ein verblasstes Bild von einer Schlacht des achtzehnten Jahrhunderts, auf dem die Verwundeten mit anmutig aufgestützten Ellbogen das aufbäumende Pferd Friedrichs des Großen bewunderten.

Die Metropole am Ende der Weimarer Republik, zerrissen von politischen und sozialen Gegensätzen und dem immer lauter werdenden Marschtritt der braunen Kolonnen, ist der Schauplatz des Buches, das zusammen mit Isherwoods Roman „Mister Norris steigt um" zur Vorlage für das Musical „Cabaret" und den mit acht Oscars bedachten gleichnamigen Film wurde.

Der Ich-Erzähler, dem Isherwood nicht zufällig den eigenen Namen gegeben hat, ist wie der Autor selbst aus England gekommen, um sich dem Tanz auf dem Vulkan zu überlassen und, was unausgesprochen bleibt, seine Homosexualität auszuleben. Auf den Streifzügen durch Glamourviertel und Elendsquartiere, durch elegante Bars und billige Arbeiterkneipen lernt „Herr Issyvoo", wie ihn seine Pensionswirtin nennt, unterschiedlichste Menschen und Milieus kennen. Mit der Schauspielerin Sally Bowles, die wie er auf der Suche nach ein bisschen Glück ist, freundet er sich an.

Legiendamm

Luisenstadt (Kreuzberg/Mitte)

U-Bhf. Heinrich-Heine-Platz (U8)

» Einkehrtipp: Café am Engelbecken, Michaelkirchplatz

Die an der Westseite des Engelbeckens beginnende Straße entstand Ende der 1840er Jahre im Zuge der Erschließung des Köpenicker Feldes, eines bis dahin noch weitgehend unbebauten Areals der Luisenstadt. Als Transportweg für die Baumaterialien wurde der Luisenstädtische Kanal angelegt und – wie schon zuvor das Viertel – nach Königin Luise, der Gemahlin von Friedrich Wilhelm III., benannt. Seit den Gründerjahren prägten Mietskasernen und Hinterhoffabriken das Bild.

Das Luisen-Ufer, dessen nördlicher Abschnitt heute Legiendamm heißt, gerät in Theodor Fontanes 1887 zuerst als Vorabdruck in der Vossischen Zeitung erschienenem Roman „Irrungen, Wirrungen“ in den Blick:

Das waren so die ersten Verhandlungen gewesen, als der Umzugsplan in Lene feststand, und als Ostern herankam, war wirklich ein Möbelwagen vorgefahren, um aufzuladen, was an Habseligkeiten da war. Der alte Dörr hatte sich bis zuletzt überraschend gut benommen, und nach erfolgtem feierlichen Abschiede war Frau Nimptsch in eine Droschke gepackt und mit ihrem Eichkätzchen und Stieglitz bis an das Luisen-Ufer gefahren worden, wo Lene, drei Treppen hoch, eine kleine Prachtwohnung gemietet und nicht nur ein paar neue Möbeln angeschafft, sondern, in Erinnerung an ihr Versprechen, vor allem auch für einen an den großen Vorderzimmerofen angebauten Kamin gesorgt hatte. Seitens des Wirts waren anfänglich allerlei Schwierigkeiten gemacht worden, „weil solch Vorbau den Ofen ruiniere“. Lene hatte jedoch unter Angabe der Gründe darauf bestanden, was dem Wirt, einem alten braven Tischlermeister, dem so was gefiel, einen großen Eindruck gemacht und ihn zum Nachgeben bestimmt hatte.

Beide wohnten nun ziemlich ebenso, wie sie vordem im Dörrschen Gartenhause gewohnt hatten, nur mit dem Unterschiede, daß sie jetzt drei Treppen hoch saßen und statt auf die phantastischen Türme des Elefantenhauses auf die hübsche Kuppel der Michaelskirche sahen.

St. Michael-Kirche am Engelbecken

Wie immer bei Theodor Fontane sind die Adressen der Protagonisten sorgsam gewählt. Hier die Plätterin Lene Nimptsch, dort der junge Offizier Botho von Rienäcker. Beide haben zwar eine tiefe Zuneigung für einander gefasst, aber das Glück ist nicht von Dauer. Die Verbindung scheitert an ihrer unterschiedlichen sozialen Herkunft. Mit Rücksicht auf die Familie heiratet der Baron eine vermögende Cousine. Nach der Hochzeitsreise übersiedelt das Paar in die herrschaftliche Landgrafenstraße, nahe dem Kurfürstendamm, während sich Lene und ihre Pflegemutter aus dem Haus der Gärtnerei Dörr, „schräg gegenüber dem Zoologischen“, in die kleinbürgerlich proletarische Luisenstadt zurückziehen.

Für die detaillierte Beschreibung des Charlottenburger Gärtnereigrundstücks fertigte Fontane vor Ort eine Lageskizze an. Hinsichtlich des Luisen-Ufers bedurfte es solch einer Recherche nicht. Er selbst hatte dreimal in diesem Viertel gewohnt, zuletzt 1862/63 im Parterre eines Neubaus in der Alten Jakobstraße 171.

Auch die 1861 geweihte und im Roman erwähnte St. Michael-Kirche kannte er gut, denn ihr Baumeister August Soller war der Onkel seines ebenfalls als Architekt tätigen Freundes Richard Lucae gewesen. Berlins zweitältestes katholisches Gotteshaus, nach den schweren Kriegszerstörungen nur teilweise wieder aufgebaut, wird bekrönt von der Figur des Erzengels Michael, einem Werk des Bildhauers August Kiss. Es gab dem Engelbecken, das als Hafen diente, seinen Namen.

Der 2 km lange Luisenstädtische Kanal wurde, weil der Ausbau der umliegenden Quartiere bereits nach der Jahrhundertwende abgeschlossen war und hier kaum noch Schiffe verkehrten, 1926 zugeschüttet und nach Plänen des Stadtgartendirektors Erwin Barth zum Grünzug umgestaltet. Seit dem Zweiten Weltkrieg vernachlässigt und zusätzlich durch den Mauerbau von 1961 geteilt, ist die aus Schmuckbeeten, Rasenflächen, Blumengärten und Spielplätzen bestehende Trasse inzwischen rekonstruiert worden.

Lichtensteinbrücke

Tiergarten
S-Bhf. Tiergarten (S3, S5, S7, S75)
U-Bhf. Hansaplatz (U9)

Die Lichtensteinallee (vorm. Fasanerie Allee) diente ursprünglich als Zugang zur königlichen Fasanerie. Auf Teilen des Geheges entstand ab 1841 der Zoologische Garten. Nach dessen Gründer, dem Naturwissenschaftler und -forscher Martin Hinrich Lichtenstein, erhielt die Straße 1867 ihren heutigen Namen. Die Fertigstellung des Landwehrkanals hatte zusätzlich den Bau einer Brücke erforderlich gemacht, die ebenfalls nach dem verdienstvollen Zoologen benannt wurde.

Der Neu-Berliner Egon Erwin Kisch, mit der Etymologie hiesiger Straßenbezeichnungen wohl noch nicht vollends vertraut, widmete dem Bauwerk 1924 eine Betrachtung in seiner Reportage „Rettungsgürtel an einer kleinen Brücke“:

Über die Brüstung der Liechtensteinbrücke, einer kleinen Brücke, die vom Hintereingang des Zoologischen Gartens zum Tiergarten führt, ist ein Rettungsring gehängt. Ein Seil, das sich nicht verfitzen kann, ermöglicht es, den tragfähigen Gürtel weithin in den Landwehrkanal zu schleudern. Die Gegend ist, man kann es nicht anders sagen, idyllisch.

Der Kandelaber, der den Rettungsring darbietet, hält gleichzeitig eine Papptafel mit illustrierten Anweisungen zur Wiederbelebung Ertrinkender. Ferner verkündet ein Schild, daß sich die nächste Rettungsstelle im Hause Nr. 9 der Budapester Straße befinde.

Bedenkt man, daß die Lebensmüden sich für einen ernstgemeinten Selbstmord eine Stunde aussuchen, da niemand in der Nähe ist, und daß sie selten um Hilfe rufen, bedenkt man, daß die Aussicht, hier unversehens ins Wasser zu fallen, selbst für einen Bezechten gering ist, bedenkt man ferner, daß nächtlicherweise in Berlin, in der Tiergartengegend, die freiwilligen Samariter besonders dünn gesät sind, auch im Falle einer Hilfsbereitschaft sich kaum jemand des Rettungsgürtels erinnert, und daß der Ertrinkende während der Loslösungs- und Wurfvorbereitungen bereits entkräftet ist und einen in seine Nähe geschleuderten Gegenstand nicht mehr zu erreichen vermag – bedenkt man also all das, so wird man annehmen können, daß der Gürtel am stillen Brücklein noch keinen vom Tode errettet hat.

Kisch wäre allerdings nicht der politische Journalist und Schriftsteller gewesen, der er war, hätte er lediglich vorgehabt, eine der hauptstädtischen Kuriosa zu schildern. Im nächsten Atemzug wird denn auch klar, worum es ihm eigentlich geht:

Von dem Rettungsgürtel auf Wurfweite entfernt ist die Stelle, wo uniformierte Männer einen Frauenkörper ins Wasser warfen.

Irgendwelche Bürger von der Einwohnerwehr hatten sich Rosa Luxemburgs in dem Haus bemächtigt, in dem sie wohnte, und aus irgendwelchen Gründen gerade ins Eden-Hotel gebracht, wo der Stab der Gardekavallerie-Schützendivision hauste, forsche Herren, monokelnd und näselnd, die nun kurzerhand übereinkamen, die „Galizierin" um die Ecke zu bringen.

Um die Ecke zu bringen – sie machten die Phrase wahr, die sprachliche Wendung zu einer wirklichen Wendung.

Im Gegensatz zu der von ihm selbst aufgestellten Forderung, dass der Reporter keine Tendenz und keinen Standpunkt haben dürfe, um unbefangene Zeugenschaft liefern zu können, hat er sich mit seinen journalistischen wie auch literarischen Arbeiten stets eingemischt und dabei unmissverständlich Standpunkt bezogen. Als Jude und Kommunist gehörte er zu denen, die von den Nazis am meisten gehasst und umgehend nach dem Reichstagsbrand festgenommen wurden. Der Botschaft der tschechoslowakischen Republik, deren Staatsbürger Kisch immer noch war, gelang es, seine Abschiebung nach Paris zu erwirken.

Am Katharina-Heinroth-Ufer, nahe der Brücke, befindet sich seit 1987 das Denkmal für Rosa Luxemburg. Es wurde von dem Architektenehepaar Ralf Schüler und Ursulina Witte-Schüler geschaffen, das auch den Neubau der Lichtensteinbrücke übernommen hatte. Am Neuen See erinnert ein Gedenkstein an den gleichfalls in der Nacht des 15. Januar 1919 von Mitgliedern der Garde-Kavallerie-Schützen-Division ermordeten Karl Liebknecht.

Linienstraße

Spandauer Vorstadt (Mitte)
S- Bhf. Oranienburger Straße (S1, S2, S25)
U-Bhf. Oranienburger Tor (U6)
» Einkehrtipp: Gaststätte Bötzow-Privat, Linienstraße 113

Ab den 1730er Jahren ließ König Friedrich Wilhelm I. eine neue Stadtmauer errichten, an deren Umschanzungslinie die Linienstraße als Verbindung zwischen den nördlichen Toren entstand. Setzte sich die frühe Bewohnerschaft aus königlichen Bediensteten, Unternehmern und Handwerksmeistern zusammen, zogen im Verlauf des 19. Jahrhunderts mehr und mehr kleinbürgerliche und proletarische Schichten hierher. Zwischen den beiden Weltkriegen galt die Linienstraße als Hort der Armut und Kleinkriminalität, wie Günter Kunert in seiner Prosaskizze „Berliner Gemäuer" ausführt:

Selbstverständlich rede ich auch von der Linienstraße, einstmals verrufen als Slum; Schlupfwinkel der Kriminalität und Prostitution; Unterkunft armer ostjüdischer Einwanderer, dicht besiedelt, menschenüberfüllt: dort entdeckt man die seltsamsten Höfe, halb verkommen und halb verwunschen, was wohl dasselbe ist. Von ihnen rede ich.

Geht man durch eine bestimmte Toreinfahrt und überquert den ersten Hof, einen quadratischen, nur im Sommer helleren Schacht, gelangt man auf den zweiten, der dem ersteren so unähnlich ist, dass man ihre architektonische Verwandtschaft nicht glauben möchte. Rechts und links in diesem Hof breite Blumenrabatten, in der Mitte ein grobgepflasterter Weg, der vor dem Eingang eines klassizistisch wirkenden, frisch getünchten, nur zwei Stockwerke hohen Gebäudes endet: Produkt einstmaliger preußischer Bautätigkeit; Eindruck von friderizianischem Schlösschen und friderizianischer Kaserne, was hierzulande ja eine berüchtigte zukunftsdeformierende Einheit bildete. Linkerhand wird der unerwartete freundliche Hof von einem gleichfalls niedrigen Bauwerk flankiert, rechterhand kein Bau, sondern ein weiterer, zum Nachbarhaus gehörender, durch keine Mauer abgetrennter Hof, der aber gut zwei Meter tiefer im Niveau liegt […] Mitten in grüner Verlassenheit eine Laube, fast eine Art Pavillon, holzgeschnitzt, vermutlich mit der Laubsäge aus veralteten Modellvorlagen geschnitten und vor hundert Jahren aufgestellt und gleichzeitig zum letzten Male benutzt.

Nicht weit davon, in der Chausseestraße, ist Kunert geboren worden. Als er vier Jahr alt war, traten die Nationalsozialisten die Macht an, deren „Rassegesetze" die Ehe seiner Eltern zur „Mischehe" und ihn zum „Halbjuden" machten. Nach dem Krieg setzte er sich bald schon in Gedichten und Kurzgeschichten mit diesem jüngsten Alptraum deutscher Geschichte auseinander. Ein Thema, das ihn nicht mehr losließ. 1950 erschien sein erster Gedichtband „Wegschilder und Mauerinschriften". Anfangs von Johannes R. Becher gefördert, reagierte er später jedoch auch auf die gesellschaftlichen und politischen Entwicklungen in der DDR mit wachsender Kritik. 1976 zählte er zu den Erstunterzeichnern des von Künstlern und Autoren initiierten Protestes gegen die Ausbürgerung des Liedermachers Wolf Biermann. Von der Stasi überwacht und in den Arbeitsmöglichkeiten immer weiter eingeschränkt, reiste er 1979 in die Bundesrepublik aus. Das Werk Kunerts, der zu den herausragenden Schriftstellern der Nachkriegsgeneration gehört, umfasst neben Lyrik, Kurzprosa, Reiseerzählungen und dem Roman „Im Namen der Hüte" auch Hörspiele, Libretti und Filmszenarien.

Lübars

Reinickendorf
S-Bhf. Waidmannslust
» Einkehrtipp: Gasthof Alter Dorfkrug, Alt-Lübars 8

Obwohl schon 1920 nach Berlin eingemeindet, hat sich Lübars seinen ländlichen Charakter bewahrt. Erstmalige Erwähnung fand das Dorf 1247 in einer Urkunde, in der die askanischen Markgrafen Johann I. und Otto III. dem Kloster der Spandauer Benediktinerinnen den Honigertrag der Wildbienen des Ortes überließen. Die barocke Dorfkirche entstand ab 1793, nachdem der alte Fachwerkbau an dieser Stelle drei Jahre zuvor durch ein Feuer zerstört worden war.

Den im äußersten Norden Berlins gelegenen und nach dem Mauerbau 1961 abgeschnittenen Ortsteil Lübars rückt Cees Nooteboom in seinem nach der Wiedervereinigung spielenden Roman „Allerseelen“ in den Blick. Arthur Daane, ein Niederländer, den es, wie den Autor selbst, seit Jahren immer wieder in diese Stadt zieht, unternimmt mit der geheimnisvollen Studentin Elik Oranje, der er zum ersten Mal im Café Einstein begegnete, einen Ausflug:

> *Sie fuhren die Avus entlang, brausten beim Funkturm auf die Autobahn Richtung Hamburg, Waidmannsluster Damm, warfen die Stadt über die Schulter. Plötzlich war alles ländlich, ein Mädchen auf einem Pferd, Kopfsteinpflaster, ein Bauernhof, ein alter Dorfkrug, Gräber rund um eine kleine Kirche. Mit einer Stadt hatte das keine Ähnlichkeit mehr. Hier war er immer hingefahren, wenn er sich eingesperrt fühlte. „Dort“, zeigte er ihr, „war ein Biergarten, da saß man unter den Linden und schaute auf die Wiesen. Und da, am Ende, war die Mauer.“ Wie üblich konnte er nicht sagen, warum ihn das so bewegt hatte. Konnte man das mit einem Land machen? Ein Riß, eine Wunde, es war, als beleidige man die Erde selbst. Doch Erde wusste von nichts, genausowenig wie die Vögel, die unbekümmert hin und her flogen, ohne irgend jemanden etwas zu fragen.*

Der elegische Liebesroman „Allerseelen“, der 1999 auf Deutsch erschien und die Geschichte des geteilten Berlins zum Thema macht, fand weltweit große Beachtung und brachte seinen Autor auch als Kandidat für den Literaturnobelpreis ins Gespräch.

Der in Den Haag geborene Cees Nooteboom hatte 1955 als 22-Jähriger mit dem Roman „Philip en de anderen“ (dt. Neuübersetzung „Philip und die anderen“, 2003) debütiert und ein Jahr später seinen ersten Gedichtband vorgelegt. 1963 erschien der zweite Roman „Der Ritter ist gestorben“. Danach war er vor allem als Journalist und Reiseschriftsteller tätig. Ab den 1980er Jahre trat er wieder als fiktionaler Erzähler hervor und schaffte mit dem Roman „Rituale“ den internationalen Durchbruch.

Lustgarten

Mitte

S-Bhf. Hackescher Markt (S3, S5, S7, S75)

Anstelle des im Dreißigjährigen Krieg verwahrlosten Küchengartens des Schlosses ließ der Große Kurfürst 1645 einen Lustgarten nach holländischem Vorbild anlegen. Unter seinem Enkel, dem „Soldatenkönig", wurden die Bäume gefällt und das Areal mit Sand aufgefüllt, um es als Paradeplatz zu nutzen. Erst Ende des 18. Jahrhunderts begann man hier wieder, Bäume anzupflanzen.

Als Heinrich Heine 1821 nach Berlin kam, befanden sich am Lustgarten noch nicht das Alte Museum und der heutige Berliner Dom, sondern, in trautem Nebeneinander, das Gebäude der Börse und der barocke Dom, der unter König Friedrich II. entstanden war und von Schinkel gerade modernisiert und im klassizistischen Geschmack umgestaltet wurde. Was der Student der Jurisprudenz von der Platzanlage und den Umbauten am Gotteshaus hielt, teilte er ein Jahr später den

Altes Museum am Lustgarten

Leserinnen und Lesern des Rheinisch-Westfälischen-Anzeigers in seinen „Briefen aus Berlin“ mit:

> *Wir können durch das Schloß gehen, und sind augenblicklich im Lustgarten. „Wo ist aber der Garten?“ fragen Sie. Ach Gott! Merken Sie denn nicht, das ist wieder die Ironie. Es ist ein viereckiger Platz, der von einer Doppelreihe Pappeln eingeschlossen ist [...] Hier stehen wir just vor der Domkirche, die ganz kürzlich von außen neu verziert wurde und auf beiden Seiten des großen Turms zwei neue Türmchen erhielt. Der große, oben geründete Turm ist nicht übel. Aber die beiden jungen Türmchen machen eine höchst lächerliche Figur. Sehen aus wie Vogelkörbe. Man erzählt auch, der große Philolog W. sei vorigen Sommer mit dem hier durchreisenden Orientalisten H. spazieren gegangen, und als letzterer, nach dem Dome zeigend, fragte: „Was bedeuten denn die beiden Vogelkörbe da oben?“ habe der gelehrte Witzbold geantwortet: „Hier werden Dompfaffen abgerichtet.“ In zwei Nischen des Doms sollen die Statuen von Luther und Melanchthon aufgestellt werden. – Wollen wir in den Dom hineingehen, um dort das wunderschöne Bild von Begasse zu bewundern? Sie können sich auch erbauen an dem Prediger Theremin. Doch laßt uns drauß bleiben, es wird auf die Paulusianer gestichelt. Das macht mir keinen Spaß. Betrachten Sie lieber gleich rechts neben dem Dom die vielbewegte Menschenmasse, die sich in einem viereckigen, eisenumgitterten Platz herumtreibt. Das ist die Börse. Dort schachern die Bekenner des alten und des neuen Testaments. Wir wollen ihnen nicht zu nahe kommen.*

Die 1822 geschriebenen Korrespondenzen aus der preußischen Hauptstadt lassen bereits den Meister des funkelnden Spotts späterer Jahre erahnen. Gleichzeitig debütierte Heinrich Heine als Lyriker mit dem Band „Gedichte“, dem er 1823 unter dem Titel „Tragödien“ ein Buch mit dramatischen Arbeiten folgen ließ. In den literarischen Zirkeln machte er sich rasch einen Namen. Rahel und Karl August Varnhagen von Ense nahmen sich des jungen Mannes an und förderten ihn. Allein das Jura-Studium, von dem er in Göttingen wegen eines beabsichtigten, aber vorher ruchbar gewordenen Duells, für ein Semester ausgeschlossen worden war, blieb auch hier auf der Strecke. 1824 setzte er die von seinem Onkel Salomon Heine finanzierten Studien in Göttingen fort. Eine Anstellung im Staatsdienst fand er als Jude trotz Promotion und Übertritt zum Christentum nicht. 1828 weilte er ein letztes Mal in Berlin. Im Jahr zuvor hatte er das „Buch der Lieder“ veröffentlicht, das seinen Weltruhm als Dichter begründete.

Der in seiner Geschichte vielfach missbrauchte Lustgarten, so veranstalteten die Nazis hier nach dem Überfall Deutschlands auf die Sowjetunion die propagandistische Ausstellung „Das Sowjetparadies“, ist Ende der 1990er Jahre in Anlehnung an die Schinkelsche Gestaltung des Platzes erneuert worden. Die Wiederherstellung des 1894–1905 von Carl Julius und Otto Raschdorff erbauten und im Zweiten Weltkrieg schwer beschädigten Doms wurde 1993 abgeschlossen.

Ehemalige Markthalle V

Magdeburger Platz
Tiergarten
U-Bhf. Kurfürstenstraße (U1)

Der in den Gründerjahren vorangetriebene Ausbau des Tiergartenviertels führte zur Anlage des Magdeburger Platzes, der 1874 seinen Namen erhielt. Im November 1888 wurde hier die Markthalle V eröffnet, die zu dem von Stadtbaumeister Hermann Blankenstein erarbeiteten Konzept einer Zentralmarkthalle am Alexanderplatz und dreizehn kleineren Markthallen in den einzelnen Stadtteilen gehörte. Die Verkaufseinrichtungen sollten die Wochenmärkte unter freiem Himmel ersetzen und neben den hygienischen Verbesserungen auch eine wirksamere Lebensmittelkontrolle gewährleisten.

In seinem Buch „Berliner Kindheit um Neunzehnhundert“, das 1950 postum erschien, hat der Philosoph und Kulturkritiker Walter Benjamin die heute nicht mehr vorhandene Markthalle am Magdeburger Platz verewigt:

Vor allem denke man nicht, daß es Markt-Halle hieß. Nein, man sprach „Mark-Thalle“, und wie diese beiden Wörter in der Gewohnheit des Sprechens verschliffen waren, daß keines seinen ursprünglichen Sinn beibehielt, so waren in der Gewohnheit meines Ganges durch diese Halle verschliffen alle Bilder, welche sie gewährte, so daß ihrer keines sich dem ursprünglichen Begriff von Einkauf oder Verkauf darbot. Hatte man den Vorraum mit den schweren, in kräftigen Spiralen schwingenden Türen hinter sich gelassen, heftete sich der erste Blick auf Fliesen, die von Fischwasser oder Spülwasser schlüpfrig waren und auf denen man leicht auf Karotten ausgleiten konnte oder auf Lattichblättern. Hinter Drahtverschlägen, jeder behaftet mit einer Nummer, thronten die schwerbeweglichen Weiber, Priesterinnen der käuflichen Ceres, Marktweiber aller Feld- und Baumfrüchte, aller eßbaren Vögel, Fische und Säuger, Kupplerinnen, unantastbare strickwollene Kolosse, welche von Stand zu Stand mit einander, sei es mit einem Blitzen der großen Knöpfe, sei es mit einem Klatschen auf ihre Schürze, sei es mit busenschwellendem Seufzen, verkehrten. Brodelte, quoll und schwoll es nicht unterm Saum ihrer Röcke, war nicht dies der wahrhaft fruchtbare Boden? Warf nicht in ihren Schoß ein Marktgott selber die Ware: Beeren, Schaltiere, Pilze, Klumpen von Fleisch und Kohl, unsichtbar beiwohnend ihnen; die sich ihm gaben, während sie träge, gegen Tonnen gelehnt oder die Waage mit schlaffen Ketten zwischen den Knien, schweigend die Reihen der Hausfrauen musterten, die, mit Taschen und Netzen beladen, mühsam die Brut vor sich durch die glatten, stinkenden Gassen zu steuern suchten.

Walter Benjamin, Sohn des Mitinhabers eines Berliner Kunst- und Auktionshauses, erblickte 1892 am Magdeburger Platz 4 das Licht der Welt. Drei Jahre später bezog die Familie eine größere Wohnung in der nahen Kurfürstenstraße, ehe man 1899 in die Nettelbeckstraße (heute An der Urania) und nach der Jahrhundertwende schließlich vom Alten in den Neuen Westen, in die Carmerstraße, übersiedelte. Nach dem Studium der Philosophie in Freiburg, Berlin, München und Bern promovierte Benjamin 1919 zum Thema „Der Begriff der Kunstkritik in der deutschen Romantik“. Da der Versuch scheiterte, sich mit der Arbeit „Der Ursprung des deutschen Trauerspiel“ in Frankfurt a. M. zu habilitieren und eine universitäre Laufbahn einzuschlagen, wurde er als Literaturkritiker für die Frankfurter Zeitung und die Literarische Welt sowie als freier Autor für den Rundfunk tätig.

Im März 1933 emigrierte der Jude und überzeugte Marxist nach Paris, wo er Freundschaft mit Bertolt Brecht schloss, zu dessen Werk er mehrere Untersuchungen vorlegte. Darüber hinaus schrieb er im Exil wegweisende Aufsätze wie „Der Autor als Produzent“ oder „Das Kunstwerk im Zeitalter seiner Reproduzierbarkeit“ und brachte 1936 die Briefsammlung „Deutsche Menschen“ heraus. Nach dem Einmarsch der Wehrmacht in Frankreich misslang sein Versuch, über die Pyrenäen nach Spanien zu fliehen, woraufhin er sich in der Nacht vom 26. zum 27. September 1940 in dem Grenzort Port-Bou mit Morphium-Tabletten das Leben nahm.

Mohrenstraße

Friedrichstadt (Mitte)
U-Bhf. Mohrenstraße (U2)
» Einkehrtipp: Fassbender & Rausch. Chocolatiers am Gendarmenmarkt, Charlottenstraße 60

Die Straße, die schon bei der Anlage der Friedrichstadt im 17. Jahrhundert entstanden war, wurde unter König Friedrich Wilhelm I. in westlicher Richtung verlängert und nach den hier einquartierten „Mohren“ (Mauren) benannt, die er geschenkt bekommen und als Musiker für das preußische Heer hatte ausbilden lassen.

In der Mohrenstraße 6 fand Gottfried Keller seine erste Unterkunft, als er im Frühjahr 1850 nach Berlin kam. An den Heidelberger Dozenten Hermann Hettner, bei dem er im Jahr zuvor ein Kolleg über neuere Philosophiegeschichte besucht hatte, schrieb er am 29. Mai:

Ich wohne sehr angenehm in einem Eckhause der Mohrenstraße, dicht neben der Dreifaltigkeitskirche, auf welcher es im Anfange des Romans „Prinz Louis Ferdinand“ sieben Uhr schlägt. Gegen Osten ragt das Dach des Schauspielhauses über die Häuser empor, und das auf seinem westlichen Giebel stehende Flügelpferd, das mit dem Vorderhufe scharrt, scheint mir manchmal auf italienische Weise freundlich zuzuwinken; indessen kehrt mir Apollo, auf dem östlichen Giebel, den Rücken zu, und er hat doch den Kranz in den Händen! Eine zweifelhafte Konstellation. Soll ich mich umquartieren und unter seinen Augen wohnen? Dann vernachlässige ich den Gaul, welcher mich einzuladen scheint, hinter dem Rücken des Gottes aufzusitzen.

Der heute vergessene Roman, auf den Keller anspielt, stammte von Fanny Lewald, einer damals viel gelesenen Schriftstellerin und bekannten Salonière, die er persönlich kennen zu lernen hoffte. Die von seinem Wohnhaus nur ein paar Schritte entfernte Dreifaltigkeitskirche war eines der barocken Gotteshäuser, das zu den Verlusten im Zweiten Weltkrieg zählt.

Ausgestattet mit einem Staatsstipendium, hatte sich der 31-jährige Schweizer vorgenommen, nicht nur seine Bildung zu vervollkommnen, sondern insbesondere Kontakte zum Theater zu knüpfen. Das Theaterstück, das er binnen Jahresfrist aufs Papier zu bringen gedachte, um eine der großen Berliner Bühnen im Sturm zu erobern, wollte jedoch nicht gelingen. Stattdessen blieb er fünf Jahre und schrieb hier den Roman „Der grüne Heinrich“.

Allerdings wurde ihm das Leben in Berlin immer saurer. Eine unglückliche Liebe führte dazu, dass er zu trinken begann und mehrfach Wirtshausschlägereien anzettelte, die eine Geldstrafe nach sich zogen. Allmählich wuchsen die Schulden. Und es blieb einsam um ihn. Von der berühmten Fanny Lewald, als sich endlich ein Treffen ergab, war er genauso enttäuscht wie von ihrem Mann, dem Literaturkritiker Adolf Stahr. Auch zu anderen intellektuellen Kreisen der Stadt fand er keinen rechten Zugang. Freundschaftlichen Verkehr pflegte er vor allem mit dem Verleger Franz Duncker und dessen Frau Lina. Im Herbst 1855, den ersten Teil des Novellenzyklus „Die Leute von Seldwyla“ im Gepäck, kehrte er in die Heimat zurück, ohne je wieder Berliner Boden zu betreten.

Mulackstraße

Spandauer Vorstadt (Mitte)
U-Bhf. Weinmeisterstraße (U8)
» Einkehrtipp: Dunkelrestaurant unsicht-Bar, Gormannstraße 14

Die Mulacksgasse, wie sie im 18. Jahrhundert hieß, war nach einem hiesigen Maurermeister und Grundstücksbesitzer benannt worden. Obwohl aus der frühen Bauzeit kein Zeugnis mehr erhalten geblieben ist und die meisten der heute vorhandenen Häuser aus der zweiten

Hälfte des 19. Jahrhunderts stammen, hat sich die Straße noch weitgehend ihren Vorstadtcharakter bewahrt. Nach der aufwändigen Restaurierung der Häuser in den zurückliegenden Jahren, einhergehend mit der Verdrängung sozial schwächerer Mieter, bedarf es jedoch einiger Phantasie, um sich noch eine Reportage zu vergegenwärtigen, die Joseph Roth 1921 für die Neue Berliner Zeitung schrieb:

Um elf Uhr nachts sieht die Mulackstraße aus wie ein Teil einer ausgegrabenen Stadt. Eine Laterne an der Ecke der Schönhauser Straße schielt furchtsam quer herüber. Ein Mädchen patrouilliert auf und ab, unaufhörlich und gleichmäßig, wie ein Pendel, als würde sie von einem unsichtbaren Räderwerk in Bewegung gesetzt.

An der Ecke links ist Willys Budike. Sein Gehilfe Hans ist auch da. Dieser Gehilfe ist von einer geschniegelt-unschuldigen Haartracht, gescheitelt und pomadiesiert. Und Gustav, der Lithograph, fühlt sich hier ganz wie zu Hause. Er trägt weiche Filzpantoffeln, und sein Gesicht ist wie ein herbstliches Stoppelfeld.

Willy ist Buchmacher. Einmal sind ihm ein paar Offiziere hereingefallen, die eigentlich nichts mit Buchmachern zu tun haben dürfen. Willy begrüßte eben einen dem Auto entstiegenen Freund. Vor dem Auto bekamen die Offiziere Respekt. Sie glaubten, ein Buchmacher, der einen Autobesitzer zum Freund hat, sei kein Buchmacher. Sie gaben Willy Geld. Sehr viel Geld. Dann verschwand Willy.

Gegen halb Zwölf kommt der „lange Hermann". Er hat ein sehr gemütliches, breites Gesicht. Seine Augen sind klein und verschwommen, es sieht aus, als verbergen sie sich hinter einem leisen Tränenschleier, um ungesehen zu beobachten. Um dieselbe Zeit verschwindet Gustav. Ich weiß nicht, was Gustav im Keller macht. –

Joseph Roth, der große literarische Chronist des Untergangs der k. u. k. Monarchie, begann nach dem Ersten Weltkrieg als Journalist in Wien und wechselte im Juni 1920 in die deutsche Reichshauptstadt. Er war zunächst als Lokalreporter und gegen Zeilenhonorar bei der Neuen Berliner Zeitung tätig. Hier erschien im Februar 1921 in zwei Folgen seine Reportage-Serie „Nächte in Kaschemmen" über die berüchtigten Unterweltkneipen der Spandauer Vorstadt und des Scheunenviertels, in denen sich bereits ein funkelnder Sprachwitz und eine scharfe Beobachtungsgabe aussprechen. Mit seinen Feuilletons und Reportagen, in denen er häufig den sonst kaum beachteten Alltag der „kleinen Leute“ beleuchtete, wurde er rasch bekannt, so dass sich ihm auch andere Blätter öffneten. 1923 nahm ihn die renommierte Frankfurter Zeitung unter Vertrag, durch die seine Artikel deutschlandweit Aufmerksamkeit fanden. Dass in ihm aber noch ganz andere Talente schlummerten, bewies er ein Jahr später mit dem Romandebüt „Hotel Savoy“. Erst der Machtantritt Hitlers vertrieb den Schriftsteller aus Berlin.

Museum für Naturkunde

Invalidenstraße 43
Oranienburger Vorstadt (Mitte)
U-Bhf. Naturkundemuseum (U6)

Im Zuge der Neubebauung des 1873 aufgelassenen Areals der Königlichen Eisengießerei entstanden nach Plänen des Architekten August Tiede die Gebäude für die Geologische Landesanstalt und die Bergakademie (heute Bundesministerium für Verkehr, Bau und Stadtentwicklung) wie auch für die Landwirtschaftswissenschaftliche Lehranstalt (heute Landwirtschaftlich-Gärtnerische Fakultät der Humboldt-Universität). Als letzter Bau wurde 1889 das Museum für Naturkunde fertig gestellt, in dem drei zuvor eigenständige Museen, das Geologisch-Paläontologische, das Mineralogisch-Petrografische und das Zoologische Museum, in einem Haus zusammengefasst werden konnten. Inzwischen aus der Humboldt-Universität ausgegliedert, besitzt die Einrichtung als Leibniz-Institut für Evolutions- und Biodiversitätsforschung seit 2009 den Status einer Stiftung des Öffentlichen Rechts, die sich in drei Abteilungen – für Sammlung, für Forschung sowie für Ausstellungen und Öffentliche Bildung – untergliedert.

Mit der Forschung, zumindest dem internationalen Austausch, war es am Naturkundemuseum zu DDR-Zeiten nicht weit her, da, wie in allen wissenschaftlichen Einrichtungen, allenfalls handverlesene, also linientreue Mitarbeiter zu Tagungen ins westliche Ausland reisen durften. In ihrem Roman „Animal triste“ hebt Monika Maron auf eben diese Situation ab.

Unser Museum besaß außer dem Brachiosaurus überhaupt eine der herrlichsten Saurier-Sammlungen, die auf der Welt zu sehen waren. Wir hatten einen Dicraeosaurus, einen Dysalotosaurus, den Kentrurosaurus, Plateosaurus, Bradysaurus, und vor allem hatten wir den Urvogel, den wundervollen, kostbaren Urvogel. Aber mich, die ich ihre Liebhaberin und Erfinderin sein wollte, hat man zu ihrer Putzfrau gemacht. Ich durfte sie verwalten und nach brüchigen Stellen an ihren Gelenken suchen, aber nicht nach ihren Schwestern und Brüdern in Montana, New Jersey, im Connecticut Valley oder im Tal des Red Deer River. Ich durfte nicht die seltsamen vogelartigen Fußspuren sehen, die Pliny Moody aus South Hadley, Massachusetts, schon am Anfang des neunzehnten Jahrhunderts in seinem Garten gefunden hat. Ich durfte nicht einmal zu Kongressen fahren, wo ich Leute hätte treffen können, die das alles gesehen hatten.

Die Protagonistin ist eine Ostberliner Paläontologin, die davon träumte, sich der Wissenschaft zu verschreiben, aber aufgrund der Verhältnisse nicht einmal ihren Forschungsgegenstand in Augenschein nehmen darf. Ein gleichermaßen absurder wie bedrückender Zustand. Dennoch hat sie sich irgendwie arrangiert. Dann fällt 1989 die Mauer und mit ihr das Lebensgerüst, das sie sich mühsam zurechtgezimmert hatte. Was wird bleiben? Just in diesem Moment begegnet sie in ihrem Museum, unter dem Skelett des Brachiosaurus, einem Ulmer Naturforscher. Eine ungewöhnliche Liebesgeschichte beginnt.

Monika Maron, in Ostberlin geboren, arbeitete nach dem Studium der Kunstgeschichte und Theaterwissenschaften zunächst für das DDR-Fernsehen und an der Schauspielschule „Ernst Busch“, ehe sie in den Journalismus wechselte. Als Schriftstellerin bekannt wurde sie mit ihrem 1981 veröffentlichten Debütroman „Flugasche“, der als eines der ersten Erzählwerke in der DDR die Umweltzerstörung zur Sprache brachte und deshalb nur im Westen erscheinen konnte. 1988 übersiedelte die Autorin, Tochter des ehemaligen DDR-Innenministers Karl Maron, in die Bundesrepublik. Mit Romanen wie „Die Überläuferin“, „Pawels Briefe“ oder „Endmoränen“ hat sie sich seither auch international einen Namen gemacht.

Museumsinsel

Am Lustgarten 1
Mitte
S-Bhf. Hackescher Markt (S3, S5, S7, S75)

Das 1830 eröffnete Alte Museum, nach Entwürfen von Karl Friedrich Schinkel entstanden, bildete den Auftakt für die bauliche Neuordnung der Spreeinsel und die Errichtung weiterer Museen in den folgenden Jahrzehnten. Ab 1841 begann die Planung für das Neue Museum, die in den Händen des Schinkel-Nachfolgers Friedrich August Stüler lag. Bedingt durch die 48-er Revolution verzögerten sich jedoch die Bauarbeiten, so dass die Fertigstellung erst 1859 erfolgte. Drei Jahre später wurde, ebenfalls unter Stülers Leitung, der Bau der Nationalgalerie in Angriff genommen. Nach dessen Tod oblag die Ausführung Johann Heinrich Strack, der 1876 Vollzug melden konnte.

Bis Ende des 19. Jahrhunderts bildeten diese drei Gebäude den Bestand der Museumsinsel, der „Insel der Seeligen“, wie sie in Theodor Fontanes Roman „Effi Briest“ mit leiser Ironie genannt wird. Frau von Briest ist mit Effi nach Berlin gereist, um für die anstehende Hochzeit ihrer Tochter die Aussteuer zu kaufen. Vetter Briest, junger Gardeleutnant und Effis Cousin, stellt sich in seinen dienstfreien Stunden den beiden Damen als Begleiter und Fremdenführer zur Verfügung:

> *Jeder Tag verlief programmmäßig, und am dritten oder vierten Tag gingen sie, wie vorgeschrieben, in die Nationalgalerie, weil Vetter Dagobert seiner Cousine die „Insel der Seeligen“ zeigen wollte. „Fräulein Cousine stehe zwar auf dem Punkte, sich zu verheiraten, es sei aber doch vielleicht gut, die ‚Insel der Seeligen‘ schon vorher kennengelernt zu haben.“ Die Tante gab ihm einen Schlag mit dem Fächer, begleitete diesen Schlag aber mit einem so gnädigen Blick, daß er keine Veranlassung hatte, den Ton zu ändern.*

Sex ist zu der Zeit noch weitgehend ein Tabuthema in der Literatur; kleine Frivolitäten, Sticheleien gegen die Prüderie, aber hat Fontane mehrfach in seine Romane geschmuggelt.

Einen entscheidenden Anteil daran, dass 1897–1904 das Kaiser-

Friedrich-Museum auf der Museumsinsel errichtet wurde, hatte der Direktor der Gemäldegalerie Wilhelm von Bode, dessen Namen das Haus seit 1956 trägt. Mit den Planungen war Oberhofbaurat Ernst von Ihne betraut worden. Von 1909 bis 1930 schließlich erbaute Ludwig Hoffmann nach Entwürfen seines verstorbenen Freundes Alfred Messel das Pergamonmuseum.

Nach dem Zweiten Weltkrieg waren die Gebäude auf der Museumsinsel zu 70 % zerstört. Die schrittweise Wiederherstellung, mit Ausnahme des Neuen Museums, erfolgte zu DDR-Zeiten. 1999 verabschiedete die Stiftung Preußischer Kulturbesitz einen Masterplan, mit dem sowohl die Restaurierung der Häuser als auch die Zusammenführung der seit Kriegsende geteilten Sammlungen ermöglicht werden soll. Im selben Jahr wurde das Museumsensemble in das Weltkulturerbe der UNESCO aufgenommen. Von dem Architekten David Chipperfield stammen die Pläne zum Wiederaufbau des Neuen Museums, das 2009 der Öffentlichkeit übergeben werden konnte.

In den 1950er Jahren waren die baulichen Wunden, die der Krieg auf der Museumsinsel hinterlassen hatte, noch unübersehbar, wie Christine Wolter in ihrem Prosatext „Wegstück" schildert. Als Studentin kam sie hier täglich vorbei.

Das Alte Museum auf der anderen Straßenseite stand viele Jahre als Ruine. Auf den vier Ecken des Daches, von der Straße aus, setzen nun wieder vier Bronzepferde zum Sprung in den weißen Himmel an. Sichtbar hinter den Erdgeschoßfenstern die Museumsdamen, zu jeder Jahreszeit in dicke Strickjacken gehüllt und Tee trinkend. Gegenüber, hinter einem Holzzaun, blüht auf den Ruinen des dritten Museums Flieder oder Holunder oder Goldraute, je nach Jahreszeit. Einen Zweig davon mitzunehmen, halte ich nicht für Diebstahl. Nur eine Giebelwand ist inmitten der Ruinen stehengeblieben und mit ihr der Spruch: Artem non odit nisi ignarus.

Mich mit diesem Spruch bekannt zu machen, habe ich Zeit und Gelegenheit gehabt. Von den Räumen des Romanischen Instituts am Kupfergraben, das seine zerschossene Palazzofassade jenem Museumsrest zuwendet, sah ich fünf Jahre lang während meiner Übungen und Seminare auf dieses Wort und konnte es am Ende auch übersetzen: Die Kunst haßt nur der Unwissende.

Christine Wolter war nach dem Studium als Verlagslektorin tätig und machte sich zuerst als Nachdichterin und Übersetzerin von Werken aus dem Italienischen und Rumänischen sowie als Herausgeberin einen Namen. 1973 debütierte sie mit dem Buch „Meine italienische Reise" als Erzählerin. Ihr autobiographisch gefärbter Roman „Die Alleinseglerin", der 1982 erschien, wurde in Ost und West ein Erfolg. Der Titel des Buches ist programmatisch für ihr literarisches Schaffen, in dem immer wieder Frauenfiguren im Mittelpunkt stehen, die sich aus den von Männern dominierten Bindungen befreien und ihr Leben selbst in die Hand nehmen. Zu den jüngeren Arbeiten der Autorin, die seit 1978 in Italien lebt, gehören die Romane „Das Herz, diese rastlose Zuneigungs- und Abneigungsmaschine" und „Mariane oder Die Unsterblichkeit".

Ehemalige Neue Friedrichstraße

Mitte

S- und U-Bhf. Alexanderplatz (S3, S5, S7, S75 / U2, U5, U8)

Im Zusammenhang mit dem Abbruch der Festungsanlage wurde Mitte des 18. Jahrhunderts die Neue Friedrichstraße angelegt, die parallel zum Stadtgraben, der späteren S-Bahn-Trasse, verlief und innerhalb des alten Berlins einen Bogen von der Burgstraße zur Stralauer Straße beschrieb. Die nur noch teilweise erhaltene Straßenführung deckt sich im Nordwesten mit der Anna-Louisa-Karsch-Straße und im Südosten mit der Littenstraße.

In dem heute unbenannten Abschnitt, zwischen Karl-Liebknecht- und Rathausstraße, auf Höhe des Fernsehturmareals, stand das Haus Neue Friedrichstraße 22, in dem das Ehepaar Herz bald nach der Vermählung eine Wohnung bezog. Dr. Marcus Herz, siebzehn Jahre älter als seine Frau, war bereits ein bekannter Mann, sie dagegen noch ein unbeschriebenes Blatt. Das sollte sich rasch ändern.

Berlins erster jüdischer Salonière, Henriette Herz, widmete Ingeborg Drewitz unter dem Titel „Der Aufbruch der Frau in die Neuzeit" ein ausführliches Kapitel in ihrem 1979 erschienenem Buch „Berliner Salons".

Als Dr. Markus Herz auch nach seiner Hochzeit mit der fünfzehnjährigen Henriette de Lemos am 1. Dezember 1779 den Brauch beibehält, in seiner Wohnung in der Spandauer Straße, wo er sich als praktizierender Arzt niedergelassen hat, Vorlesungen zu halten und nach seinen philosophischen Exkursen, in denen er seinen Lehrer und Freund Immanuel Kant den Berlinern hat nahe bringen können, nunmehr Exkurse über Experimentalphysik hält, ahnt er wohl kaum, daß er über sein Bemühen im Sinne der Aufklärung hinaus an einer Umformung der gesellschaftlichen Struktur nicht nur dieser Königsstadt Berlin teilhat. Seine junge Frau, intelligent und wach, aber anscheinend der Geselligkeit mehr als der Experimentalphysik zugetan, die sehr bald in die Neue Friedrichstraße in eine größere Wohnung verlegt werden, genießt es, neben dem hochgeachteten Markus Herz, bei denen die auswärtigen Besucher in Berlin Visite machen, jung und begehrenswert zu sein. Sehr bald sammeln sich die Jünger der Wissenschaft um den Arzt und Philosophen, während andere, vorwiegend junge Gäste, die es vorziehen, über die neueste empfindsame Literatur zu sprechen, im Nebenzimmer um Henriette Herz geschartt sind und aus Neuerscheinungen lesen, aber auch recht empfindsam „flirten".

Was das unverbindliche Flirten anging, schoss der Student Ludwig Börne allerdings weit übers Ziel hinaus. Er war 1802 nach Berlin gekommen, um bei Marcus Herz, der inzwischen das Jüdische Krankenhaus in der Oranienburger Straße leitete, Medizin zu studieren und verliebte sich, bei seinem Lehrer wohnend, leidenschaftlich in dessen Frau. Nachdem sie ein Jahr später Witwe geworden war, gestand er ihr seine Gefühle, wurde aber abgewiesen und traf daraufhin sogar Anstalten, sich das Leben zu nehmen.

Doch nicht wegen solcher Geschichten war Henriette Herz in aller Munde, sondern wegen ihrer einzigartigen Gabe, Menschen unterschiedlicher Anschauungen und unterschiedlichen Standes zusammenzuführen. In ihrem Salon, den sie ihrem Gatten abgetrotzt hatte, verkehrte die geistige und künstlerische Elite der Stadt. Die Reihe der Namen reichte von Friedrich Schleiermacher, dem lebenslangen Freund, über Alexander und Wilhelm von Humboldt, Friedrich Schlegel und dessen späterer Frau Dorothea, der Tochter Moses Mendelssohns, bis hin zu Prinz Louis Ferdinand und Kronprinz Friedrich Wilhelm.

Es entsprang keinem Zufall und schon gar keiner Mode, dass Ingeborg Drewitz gerade dieses Thema aufgriff. In ihren Erzählungen und

Romanen, Essays und Sachbüchern hat sie sich immer wieder mit Fragen der Frauenemanzipation in Geschichte und Gegenwart beschäftigt. 1978 veröffentlichte sie den autobiographischen Roman „Gestern war heute – Hundert Jahre Gegenwart“, der zu einem ihrer erfolgreichsten Werke wurde. Über das Schreiben hinaus engagierte sich die gebürtige Berlinerin auch in vielen gesellschaftspolitischen Funktionen für notwendige Veränderungen. Sie war Mitbegründerin des Verbandes deutscher Schriftsteller und der Verwertungsgesellschaft Wort (VG Wort), Vizepräsidentin des PEN-Zentrums der Bundesrepublik und wirkte bei amnesty international sowie in Literaturprojekten für Inhaftierte mit.

Neue Grünstraße

Luisenstadt/Neu-Kölln am Wasser (Kreuzberg/Mitte)
U-Bhf. Spittelmarkt (U2)

Als südliche bzw. westliche Erweiterungen der Doppelstadt Berlin-Kölln entstanden in den 1660er Jahren Neu-Kölln am Wasser und Friedrichswerder. Die neuen Stadtgebiete wurden in die durch Johann Gregor Memhardt fast gleichzeitig errichtete Festungsanlage eingebunden. Nach Schleifung der Festungswerke legte man um 1740 auf dem freigewordenen Gelände der Bastion 5 die Neue Grünstraße an. Sie verlängerte die schon seit dem Mittelalter bestehende Grünstraße.

Aus dem späten 18. Jahrhundert blieb das Haus Neue Grünstraße 27 erhalten, dass sich der Mineraloge Carl Abraham Gerhard, Begründer der Bergakademie in Berlin, errichten ließ. Im Nachbarhaus, an dessen Stelle heute ein Neubau steht, fand Anfang des 20. Jahrhunderts die Familie von Gershom Scholem ein neues Domizil. In seiner Autobiographie „Von Berlin nach Jerusalem“ erinnert er sich:

> *In meinem neunten Jahr zogen wir 1906 aus der Friedrichsgracht in eine größere Wohnung, in die nur zwei bis drei Minuten entfernte Neue Grünstraße 26 auf der anderen Seite der Spree. Gegenüber unserer Wohnung hatte ich den Blick auf den Eingang zum Haus der „Kirchengemeinde St. Petri“, das in einem ziemlich großen Garten stand. Diesen Eingang fand ich, während die meisten Häuser dieser Straße zerbombt*

waren, noch 1946 mit dem alten Schild wieder. Daneben stand, mit sehr vornehmer Fassade und einem sehr eleganten Schild, das Haus der Druckerei Otto von Holten, meine erste ganz unbewußte Begegnung mit der Stelle, wo die Schriften Stefan Georges und des Kreises der „Blätter für die Kunst" gedruckt wurden [...]

In der neuen Wohnung, in der ich dann fast alle meine Berliner Jahre verbracht habe, konnte ich mich freilich nicht mehr mit meinen Brüdern darin üben, Kirschkerne über die Uferstraße zu spucken. Aber sonst bedingte der Umzug keine große Veränderung unserer Umgebung. Die Schule, das Luisenstädtische Realgymnasium in der Sebastianstraße, in dem ich neun Jahre lang vier Stunden wöchentlich Lateinisch lernen sollte, blieb dieselbe. Spielen ging ich in den nicht weit entfernten Märkischen Park, wo gerade das Märkische Museum vollendet wurde, und spielte mit Altersgenossen Murmeln. Gegenüber in der Inselstraße war ein Lagerplatz einer Holz- oder Kohlenfirma, auf dessen Bretterzäunen gewöhnlich Kreide-Inschriften zu lesen waren, wie „Gustav ist doof" und dergleichen. Der Berlinische Dialekt dieser Viertel war noch ganz ungebrochen und gefiel mir um so mehr, als eine Verwendung am Familientisch streng verboten war. Den Berliner Tonfall habe ich durch alle Wandlungen meines Lebens hindurch beibehalten.

Der Sohn eines Berliner Druckereibesitzers jüdischer Herkunft, studierte Mathematik, Religionswissenschaft und Hebräisch. Bereits als Student – und gegen den ausdrücklichen Willen des Vaters – engagierte er sich in der zionistischen Bewegung, weil er erkannt hatte, dass die Assimilation der Juden in Deutschland gescheitert war. Er selbst wanderte 1923 nach Palästina aus, um an der dortigen Erneuerung des Judentums mitzuwirken. Als Direktor der judaistischen Abteilung der Hebräischen Universität in Jerusalem wie auch als Professor für Kabbalistik leistete er in der Erforschung der jüdischen Mystik in den folgenden Jahrzehnten Pionierarbeit. Aus den Berliner Jugendjahren datierte die enge freundschaftliche Beziehung zu Walter Benjamin, dessen Werke er später gemeinsam mit Theodor W. Adorno herausgab. 1975 veröffentlichte Gershom Scholem das Buch „Walter Benjamin – die Geschichte einer Freundschaft".

Neue Promenade

Spandauer Vorstadt (Mitte)

S-Bhf. Hackescher Markt (S3, S5, S7, S75)

Auf Befehl von Friedrich II. wurde ab 1749 der nördliche Teil der Berliner Festungsanlage geschleift. Mit der Ausführung betraut war Generalleutnant Johann Christoph Friedrich Graf von Hacke, seines Zeichens Stadtkommandant. Auf dem Vorgelände der einstigen Festung, parallel zum Stadtgraben, entstand die Kommandantenstraße, die seit 1840 Neue Promenade heißt.

In der Straße ließ König Friedrich Wilhelm II. ab 1787 ein Haus für Anna Louisa Karsch errichten, nachdem sein Vorgänger, Friedrich der Große, ihr zwar Versprechungen in dieser Richtung gemacht, aber nicht eingehalten hatte. Über die Wahl des Standortes war die 66-jährige Dichterin besonders erfreut:

> *Mein Häuschen kommt nicht in die Hospitalstraße, wo Maler Frisch wohnt, weil sein Vater ihm dies Erbhaus ließ. Die Gegend wäre für mich schlechterdings nicht, wer möchte in meinem Alter von aller Welt abgelegen wohnen? Meine Wohnung ist mit der Rückseite der Garnisonskirche benachbart und liegt an dem Kanal, der jetzt enger gemacht ward, der nach der Spandauer Brücke zu fließt. Hier gibts kein unaufhörliches Wagengeräusch, wie in der Brüderstraße, es herrscht aber auch keine Totenstille hier, ich habe nicht weit nach Monbijou, nach dem Lustgarten, nach dem Königlichen Palast, bin der Stadt so nahe und wohne doch halb ländlich, kann alle meine Freunde bald erreichen.*

Ende April 1789 konnte die 67-Jährige mit ihrer ältesten Tochter Caroline endlich das neue Domizil beziehen. Anderthalb Jahre blieben der Karschin noch bis zu ihrem Tod. Ihr Haus, das sich an der heute unbebauten Südseite der Neuen Promenade befand und die Nr. 1 trug, hatte die Jahrhunderte wie auch den Stadtbahnbau ohne Schäden überstanden und wurde erst im Zweiten Weltkrieg ausgelöscht.

Anna Louisa Dürbach, so ihr Geburtsname, stammte aus Schlesien und war nach dem frühen Tod des Vaters, eines Gastwirts, in ärmlichen

Verhältnissen aufgewachsen. Mit 16 wurde sie an einen Weber verheiratet, der sich zehn Jahre später scheiden ließ. Auch die Ehe mit dem trunksüchtigen Schneider Karsch scheiterte. Als man ihn unter die Soldaten zwang, verwehrte sie ihm die Bitte, an höherer Stelle um seine Entlassung nachzusuchen. Er hatte sie jahrelang malträtiert und ihre dichterischen Versuche mit Hohn und Spott bedacht. Aufmerksamkeit erregte ihr Naturtalent dagegen bald schon in literarischen Kreisen. 1761 kam sie erstmals in die preußische Hauptstadt und lernte hier Johann Georg Sulzer, Ludwig Gleim und Ramler kennen. Im Jahr darauf übersiedelte sie endgültig nach Berlin, wo sie sich fortan ganz dem Schreiben widmete. 1764 brachten Sulzer und Gleim ihre „Auserwählten Gedichte“ heraus. Das Buch verkaufte sich erfolgreich. Dennoch blieb Deutschlands erste freiberuflich tätige Dichterin zeitlebens auf finanzielle Unterstützung von Gönnern und Freunden angewiesen.

Ehemaliges Polizeipräsidium

Alexanderplatz 5/6 und Alexanderstraße 3–6
Königstadt (Mitte)
S- und U-Bhf. Alexanderplatz (S3, S5, S7, S75 / U2, U5, U8)

Etwa dort, wo sich heute das Alexa Shopping Centre erhebt, befand sich bis zur Zerstörung im Zweiten Weltkrieg das berühmt-berüchtigte Berliner Polizeipräsidium. Es war 1886–90 nach Plänen Hermann Blankensteins errichtet worden. Der an der Bauakademie ausgebildete Architekt fungierte seit 1872 als Stadtbaurat für Hochbau und prägte mit seinen zahlreichen öffentlichen Bauten wie der Zentralmarkthalle am Alexanderplatz und den Markthallen in den einzelnen Stadtteilen, dem Central Vieh- und Schlachthof an der Eldenaer Straße oder den 120 Schulen, die er errichtete, maßgeblich das Gesicht des gründerzeitlichen Berlins. In der Schinkel-Nachfolge stehend, wurde sein Wirken von Seiten der jungen Architektengeneration jedoch zunehmend kritisch betrachtet. Eine Kritik, die auch noch in Heinrich Manns 1931 gehaltener Rede vor dem Verband Preußischer Polizeibeamten nachschwingt, in der auf das Gebäude des Polizeipräsidiums Bezug genommen wird:

Kommen wir nun in das Haus dieser wichtigen Organisation, von der schließlich doch die, wenn auch nur bedingte Sicherheit des gesamten täglichen Lebens abhängt, was sehen wir? Als erstes fällt auf: Enge, Kargheit, Arbeits- und Daseinsbedingungen, die an 1830 erinnern, obwohl natürlich ein Tempo und eine Leistung verlangt werden, wie 1930.

Ein Zimmer zum Beispiel wie die Einlieferungsstelle, die ich mir ansah, hätte man sich als Teil eines modernen Betriebes niemals ähnlich vorgestellt. Ein Raum, um einiges länger als breit, ungefähr die Größe eines möblierten Zimmers für bessere Herren: darin stehen fünf mittlere Tische, jeder für einen Beamten. Jeder der Herren hat Eingelieferte zu vernehmen. Er kann sie nicht sitzen lassen, er kann auch den Personen, die nur nach Auskünften kommen, keinen Platz anbieten, denn erstens sind nicht genug Stühle da, und wenn er einen Stuhl neben seinen Tisch in den schmalen Mittelgang stellt, dann kommt niemand mehr durch. Die Vernommenen werden gefragt und antworten, jeder einen Schritt vom Nächsten entfernt. Alle sprechen gegeneinander […] Qualitätsarbeit ist unter diesen Bedingungen fast unmöglich. Man überanstrengt sich und hat, um die Mehrleistung auszugleichen, weder genug Raum noch gute Luft. Ja, man findet auch draußen, außerhalb des Amtes, zumeist nur Sorgen, weil die Besoldung nicht ausreicht. Auf zwei von den fünf Tischen des Einlieferungszimmers standen verwunderlicher Weise Aquarien – gläserne Behälter mit Fischen und Wasserpflanzen. Das sieht idyllisch aus; dem Besucher bewies es aber auch, daß der Beamte ein seelisches Hilfsmittel, und wäre es das harmloseste, nötig hat, um hier nicht nur auszuhalten, sondern auf der geforderten Höhe zu bleiben.

Heinrich Mann, der ältere Bruder Thomas Manns, war 1928 endgültig von München in die Hauptstadt übersiedelt, nachdem er bereits vor der Jahrhundertwende einige Zeit hier gelebt und die Kontakte nie hatte abreißen lassen. In der Folgezeit äußerte er sich in Aufsätzen und Zeitungsbeiträgen mehrfach auch zu Berliner Themen und Ereignissen. Als er 1931 an die Spitze der Sektion Dichtkunst bei der Preußischen Akademie der Künste gewählt wurde, rückte er verstärkt ins Licht der politischen Öffentlichkeit. Der Publizist Kurt Hiller schlug ihn 1932 sogar als Gegenkandidat Hindenburgs für die Wahl zum Reichspräsidenten vor.

Potsdamer Platz

Mitte/Tiergarten

S- und U-Bhf. Potsdamer Platz (S1, S2, S25 / U2)

Seinen Namen verdankt die einstige Grünanlage dem von Schinkel 1823/24 neu errichteten Potsdamer Tor, das sich an der Ostseite des Platzes befand. In den 1920er Jahren einer der quirligsten und verkehrsreichsten Orte Berlins verwandelten der Zweite Weltkrieg und der Mauerbau von 1961 den Platz in eine Stadtbrache. Nach dem städtebaulichen Rahmenplan von Heinz Hilmer und Christoph Sattler begann ab Mitte der 1990er Jahre die Neubebauung des Areals, die bis heute nicht unumstritten ist. In seinem Roman „Teil der Lösung" beginnt Ulrich Peltzer mit einer Totale auf den Platz:

> *Aus der Luft erinnert alles an ein Modell, Häuser und Bäume aus Plexiglas und Kunststoff, aus Balsaholz und silbrig glänzender Folie. Mit einem Fesselballon kann man hochsteigen und sich einen Überblick verschaffen, in der Gondel erklärt der Touristenführer die Lage, Geschichte und Investitionen. Jahrzehnte war hier nichts als sandige Steppe, die eine im Zickzack verlaufende Mauer halbierte. Staubfahnen wehten im Sommer über das weite Terrain, bei Regen verwandelte es sich in eine sumpfige Brache. Seltene Kleinstlebewesen und Flechten, wie für die Ewigkeit, ein ausgeglühter Planet am Rande des Universums. Und dann dieser Riss, dieser Blitzschlag, vom Fernsehen millionenfach in die Welt gesendete Tränen. Eine kosmische Implosion, durch die hier Gegenwart wieder hereinbrach. Visionen von Zukunft, das Neue, ein Traum. Im Dunkeln festlich illuminierte Kräne, die über gewaltigen Baugruben wie Skulpturen in den Himmel ragten, umzingelt von Containerdörfern für die Arbeiter und windgeschützten Plattformen für die Zaungäste von überall her. Bagger und Planierraupen, Wassereinbrüche und Trockenlegungen in Schichten rund um die Uhr. Betongerippe wuchsen in die Höhe, enorme Strukturen einer Phantasie von Bedeutung und Größe. Solange sie noch nicht verkleidet waren, ohne gläserne Fronten und Rückseiten, ohne Backsteinsimulationen und Metallkanten, Ausbuchtungen wie Raumschiffe oder vorspringende Ecken wie in den Kulissen expressionistischer Filme, konnte man*

sie für bloße Monumente, für abstrakte Denkmale halten, wie die Pyramiden durch eine bestimmte metaphysische Schönheit erhaben.

Hier, am Potsdamer Platz, dem Symbol des „neuen“ Berlins, dringt in Peltzers Roman eine Handvoll politischer Aktivisten, als Ballerinas, als Clown, als Zirkusdirektor verkleidet, ins Sony-Center ein und hält Spruchschilder hoch, mit denen die fortschreitende Überwachung aller Lebensbereiche durch Kameras angeprangert werden soll. Und prompt haben Monitore die Gruppe erfasst.

Der Romantitel, dem ein abgewandeltes Zitat des RAF-Terroristen Holger Meins zugrunde liegt, lässt keinen Zweifel daran, dass es hier um eine zeitkritische Standortbestimmung geht. Ein politisches Buch, das freilich nirgendwo ins Theoretisieren abgleitet, sondern modernes und temporeiches Erzählen bietet, in dessen Vordergrund die vertrackte Liebesbeziehung zwischen dem stellungslosen Journalisten Christian, einem Enddreißiger, und der 23-jährigen Literaturwissenschaftsstudentin Nele steht.

Der in Berlin lebende Ulrich Peltzer, studierter Psychologe, debütierte 1987 mit dem Roman „Die Sünden der Faulheit“ und gehört längst zu den wichtigsten Erzählern deutscher Sprache.

Prinzenbad

Prinzenstraße 113–119
Luisenstadt (Kreuzberg)
U-Bhf. Prinzenstraße (U1)
» Einkehrtipp: Restaurant Altes Zollhaus, Carl-Herz-Ufer 30

Das Sommerbad Kreuzberg oder Prinzenbad, wie es allgemein genannt wird, entstand 1954–56 auf dem Gelände der früheren Englischen Gasanstalt und zählt zu den beliebten Freibädern Berlins.

In Sven Regeners 2001 veröffentlichtem Roman „Herr Lehmann“ wird die Badeanstalt zu einem der Schauplätze. Mit den Erinnerungen an eine ehemals Angebetete macht sich der Titelheld auf den Weg:

Sie hat aber auch einen besonders schönen Körper gehabt, dachte er, als er aus dem U-Bahnhof heraus in das gleißende Sonnenlicht trat, die

Am Lausitzer Platz

Skalitzer Straße überquerte und sich die letzten 50 Meter zum Prinzenbad schleppte, und vielleicht, dachte er, als er zur Kasse des Prinzenbads ging und „einmal“ sagte und „keinesfalls“ auf die Frage, ob er Student sei, und dafür eine Karte bekam, die ihm sofort wieder abgenommen wurde von einem Mann in weißen Shorts, Badelatschen und sonst nichts, vielleicht ist Schwimmen ja wirklich gesund, obwohl andererseits, dachte er, wieso soll gerade Schwimmen gesund sein, wenn man die Menschen hier so sieht, dachte er, als er das Schwimmbad betrat, dann machen die nicht gerade einen sehr gesunden Eindruck, dachte Herr Lehmann, und dann fiel ihm erst auf, daß es an der Kasse überhaupt keine Schlange gegeben hatte, aber er wußte in diesem Moment natürlich auch schon, warum das so war: Es konnte überhaupt niemand mehr draußen anstehen, weil alle schon drin waren.

Herr Lehmann hofft hier, seiner neuen Liebe Katrin, Köchin im Markthallen-Restaurant, zu begegnen.

Das Buch, das offenbar eine ganze Generation elektrisierte und bislang über eine Million Mal verkauft wurde, führt ins Westberlin der 1980er Jahre. Genauer: nach Kreuzberg. Der 30. Geburtstag des Protagonisten naht, weshalb ihn die Freunde und Bekannten nicht mehr Frank, sondern Herr Lehmann nennen. Ein Scherz bloß, aber den Namen wird er nicht mehr los. Wie seine Freunde, deren künstlerische Ambitionen allmählich verfliegen, wollte auch er sich verwirklichen, als er von Bremen nach Berlin kam. Nun jobbt er in einer Kneipe und wohnt, noch immer nicht recht erwachsen geworden, in einer WG irgendwo am Lausitzer Platz.

Sven Regener, wie sein Romanheld aus Bremen stammend, ist Mitbegründer der Band „Element of Crime". Inzwischen hat der Musiker und Schriftsteller mit den Büchern „Neue Vahr Süd" und „Der kleine Bruder" seinen Romanerstling zur Trilogie ausgeweitet.

Rauchstraße

Tiergarten
S-Bhf. Tiergarten (S3, S5, S7, S75)
U-Bhf. Hansaplatz (U9)

In der 1867 nach dem Bildhauer Christian Daniel Rauch benannten Straße ließen sich wohlhabende Berliner ihre Villen und Sommerhäuser errichten. In den 1920er Jahren gesellten sich zu der aus Kommerz- und Regierungsräten, Bankiers und Fabrikanten, Ärzten, Juristen und hohen Militärs bestehenden Bewohnerschaft die Päpstliche Gesandtschaft sowie die Botschaften der Königlichen Niederlande und der jungen Tschechoslowakischen Republik.

Johanna van Maray, eine der beiden Hauptfiguren in René Schickeles 1929 veröffentlichtem Roman „Symphonie für Jazz", findet in der noblen Straße Unterkunft bei einer befreundeten Bankiersfamilie.

Mitte Mai betrat die Sonne um sieben Uhr das Frühstückszimmer im Hause Rauchstraße 4. Erst um halb acht wurde gefrühstückt.

Die Sonne wußte, sie habe noch eine halbe Stunde frei, und unbekümmert um den dunkelblauen Diener und das Mädchen in weißer Haube, die ihr fortwährend in den Weg traten, ergab sie sich ihrem gewaltigen Spiel.

Sie schlug Feuerräder aus den Wänden und ließ goldene Kringel über die Decke flitzen. Die Kringel sprangen wie die flachen Kiesel, mit denen Buben das Wasser schneiden, nur daß es hier ein goldener Fluß war und jeder Kiesel aus eitel Sonne.

Manchmal trieb sie es toller und tat einen Ruck und Stoß, daß der ganze Raum in Goldklötze und grünliche Splitter sprang. Der Diener und das Mädchen deckten den Tisch.

Außer dem, was sich auch auf englischen Frühstückstischen findet, gab es da eine Unmenge von Früchten, aus dem Füllhorn einer ländlichen Gottheit auf den Berliner Tisch geschüttet und prächtig anzuschauen, wie sie in den alten böhmischen Granatschalen protzten und den Glaskörben aus Murano zur Last fielen. Die Glaskörbe waren neu und hatten viel Zoll gekostet.

Außerdem aber gab es zwei jüdische Spezialgerichte, Pastete und kalten Fisch.

An die Pastete, an den kalten Fisch dachte inbrünstig eine Dame im zweiten Stockwerk des Hauses, wo die Gastzimmer lagen, alle Kräfte ihrer Phantasie rief sie auf, um sie zu sehn, zu riechen, zu schmecken: die Pastete, den kalten Fisch. Hungrig war sie überall, über die Maßen hungrig, wo sie auf der Welt erwachte. Nirgends in der Welt bekam sie die Pastete, den kalten Fisch zu essen. Nur hier, in Berlin.

Johanna und ihr Gatte, der Komponist John van Maray, haben sich freiwillig für eine Zeitlang getrennt. Während sie sich in das mondäne Großstadtleben stürzt, arbeitet er fernab am Meer an einer Symphonie für Jazz. Die Trennung, das eigentliche Thema des Romans, wird zum Prüfstein des Paares.

Der Elsässer René Schickele ließ in dieses Buch kräftig die eigenen Berliner Erfahrungen einfließen, hatte er doch, gemeinsam mit dem Freund und Schriftstellerkollegen Otto Flake, schon nach der Jahrhundertwende in der Spreemetropole gelebt. Nach dem Ersten Weltkrieg, an dem beider Freundschaft zerbrach, kehrte er aus dem Schweizer Exil noch einmal in die deutsche Hauptstadt zurück, ehe er sich 1920 in Badenweiler niederließ. Allerdings riss der Kontakt zu Berlin nie ab, wozu auch seine 1926 erfolgte Wahl in die Sektion Dichtkunst der Preußischen Akademie der Künste beitrug.

Schickele, der zu den angesehenen Schriftstellern und Publizisten der Weimarer Republik gehörte und noch vor dem Machtantritt der Nazis nach Frankreich emigrierte, muss heute leider zu den Vergessenen gezählt werden. Von seinem literarischen Werk, das Gedichte, Erzählungen, Romane und Essays umfasst, ist mit einer einzigen Ausnahme – dem Bändchen „Himmlische Landschaft“, einer Liebeserklärung an die Wahlheimat Badenweiler – auf dem aktuellen Buchmarkt nichts präsent.

Raumerstraße

Prenzlauer Berg

U-Bhf. Eberswalder Straße (U2)

» Einkehrtipp: Restaurant Frida Kahlo, Lychener Straße 37

Auf der Basis von James Hobrechts 1862 vorgelegten Stadterweiterungsplänen begann in den Gründerjahren die Erschließung des Gebietes vor dem ehemaligen Schönhauser-, Prenzlauer- und Königstor. Innerhalb nur weniger Jahrzehnte entstand ein dicht bebautes Arbeiterquartier, das 1920 zum Stadtbezirk aufrückte und wegen des hügeligen Terrains den Namen Prenzlauer Berg erhielt.

Inmitten des Prenzlauer Bergs liegt die Raumerstraße, die Anfang der 1890er Jahre angelegt und nach dem preußischen Kultusminister Karl Otto von Raumer benannt wurde. Hierher führt Klaus Kordons autobiographischer Roman „Krokodil im Nacken“. Die Hauptfigur, Manfred Lenz, das Alter Ego des Autors, erinnert sich an die Kindheit nach dem Zweiten Weltkrieg:

> *Da war zuallererst die kleine Wohnung im ersten Stock der Raumerstraße 24. In der schliefen die drei Brüder, während die beiden Frauen aus Sorge vor Einbrechern im Hinterzimmer der Gaststätte ihre Betten aufgestellt hatten. Oft war Manni ganz allein da oben. Dann stand er im Herbst oder Winter, wenn es früh dunkel wurde, auf dem kleinen Balkon und genoss die geheimnisvolle Welt um sich herum. Blickte er nach rechts, konnte er die erleuchtete Straßenbahn durch die Prenzlauer Allee fahren sehen, blickte er nach links, sah er die bläulich funzelnden Gaslaternen der Raumerstraße immer kleiner werden, bis sie in Höhe des Helmholtzplatzes nur noch Glühwürmchen waren. Im Winter wurde er dabei manchmal zum Eiszapfen, weil er so lange auf den Laternenanzünder gewartet hatte, der mit dem Fahrrad herange-*

Blick über die Spandauer Vorstadt zum Prenzlauer Berg

fahren kam, um mit seiner langen Hakenstange den Leuchtstrumpf im Laternenhäuschen zum Brennen zu bringen. Lag dann Schnee, glänzte der unter dem Lichtschein der Laternen bläulich; das gab der ganzen Straße etwas Verzaubertes. In solchen Momenten konnte Manni sich überhaupt nicht von der Stelle rühren, dann lauschte er auf das Knirschen des Schnees unter den Schritten der Passanten, beobachtete, wie die Liebespaare unter den Laternen mit den Füßen trampelten, sah Leute nach Hause kommen oder fortgehen und war froh, daß er irgendwie dazugehörte.

Klaus Kordon selbst wuchs am Prenzlauer Berg auf. Der Vater war im Krieg gefallen; die Mutter, die eine Gastwirtschaft betrieb, starb, als er dreizehn Jahre alt war. Er lebte danach in Heimen und übte zunächst verschiedene Tätigkeiten, darunter als Hilfsarbeiter, aus, ehe er das Abitur nachholte und ein Ökonomiestudium aufnahm. Als Exportkaufmann bereiste er Länder in Afrika, Asien, Australien und Südamerika, geriet jedoch zunehmend in Widerspruch mit dem DDR-System. 1972 unternahm er mit seiner Frau und den Kindern einen Fluchtversuch in den Westen, der vereitelt wurde. Von der Stasi in die berüchtigte Untersuchungshaftanstalt Berlin-Hohenschönhausen überstellt, kaufte ihn die Regierung der Bundesrepublik 1973 frei.

Noch in Ostberlin hatte er zu schreiben begonnen. Sein literarisches Debüt gab er allerdings erst 1977 mit dem Kinderbuch „Tadaki", das aufhorchen ließ, da es, fernab von Rührseligkeit und heiler Kinderwelt, vom Schicksal eines indonesischen Jungen erzählt, der als Bettler in Djakarta sich und die Familie unterhalten muss. Weithin bekannt wurde Kordon, der heute zu den wichtigsten Kinder- und Jugendbuchautoren deutscher Sprache zählt, mit den als Trilogie angelegten Büchern „Die roten Matrosen oder ein vergessener Winter", „Mit dem Rücken zur Wand" und „Der erste Frühling", in denen er Wendepunkte deutscher Geschichte von 1918 bis 1945 aufgreift.

Ehemaliges Residenz-Kasino, „Resi"

Blumenstraße 10
Friedrichshain
U-Bhf. Straußberger Platz (U5)

Zu den legendären Tanzlokalen des Berliner Ostens zählte das Residenz-Kasino. Es war 1908 eröffnet worden und leitete seinen Namen vom Residenz-Theater ab, das sich im Nachbarhaus Blumenstraße 9 befand. In den 1920er Jahren erhielt das „Resi", wie es landläufig genannt wurde, Tischtelefone, Rohrpost und Wasserspiele. Im Zweiten Weltkrieg ausgebombt, 1951 an der Neuköllner Hasenheide wiedererstanden und in den späten 1970er Jahren endgültig geschlossen, vermittelt Irmgard Keuns Roman „Das kunstseidene Mädchen" noch eine Vorstellung von diesem Vergnügungstempel:

Heute gehen wir ins „Resi" – ich bin eingeladen worden von Franz, der arbeitet in einer Garage.

Das ist die Liebe der Matrosen … und rrrrr macht das Telefon, das ist an allen Tischen. Mit ganz echten Nummern zum Drehen. Berlin ist so schön, ich möchte ein Berliner sein und zugehören. Das ist gar kein Lokal, das „Resi", das hinten in der Blumenstraße ist – das ist lauter Farbe und gedrehtes Licht, das ist ein betrunkener Bauch, der beleuchtet wird, es ist eine ganz enorme Kunst. Sowas gibt es nur in Berlin.

Man denke sich alles rot und schillernd noch und noch und immer mehr und wahnsinnig raffiniert. Und Weintrauben leuchten, und auf Stangen sind große Terrinen, aber der Deckel wird von einem Zwischenraum getrennt – und es glitzert, und wasserartige Fontänen geben so ganz feinsinnige Strahlen. Es gibt Rohrpost – da schreibt man Briefe und tut sie in Röhren und in ein Wandloch, da kommt ein Zugwind und weht sie zum Bestimmungsort. Ich war von der ungeheuren Aufmachung wie berauscht [...]

Das ist die Liebe der Matrosen ... und die Decke, die man auf die großzügigste Weise dekoriert hat, drehte sich nach rechts, und der Boden, worauf man tanzt, nach links – jawohl Herr Kapitän, jawohl Herr Kapitän ... da wirste betrunken ohne zu trinken.

Doris, die Protagonistin des 1932 erschienenen Romans, hat ihren Job bei einem Rechtsanwalt in Köln an den Nagel gehängt und sich nach Berlin aufgemacht, um von all dem Glanz selbst etwas zu erhaschen. Eine berühmte Schauspielerin will sie werden und nicht zuletzt ihr ganz persönliches Glück finden. Doch der Lebensplan erweist sich als Illusion. Am Ende gesteht sie sich ein, dass es auf den Glanz „nämlich vielleicht gar nicht so furchtbar" ankomme.

Irmgard Keun, als Tochter eines wohlhabenden Kaufmanns in Berlin und Köln aufgewachsen, konnte hier auf eigene Erfahrungen zurückgreifen. Auch sie hatte sich, ehe sie zu schreiben begann, als Schauspielerin und Sekretärin versucht. Der Roman, der ganz offensichtlich den Nerv der Zeit traf und sofort Erfolge feierte, wurde mit anderen ihrer Bücher, so dem Erstling „Gilgi – eine von uns", in der NS-Zeit als „Asphaltliteratur" auf den Index gesetzt. 1936 emigrierte sie nach Holland, von wo aus sie, zeitweilig mit Joseph Roth liiert, durch Europa reiste und ein unstetes Wanderleben führte. Vier Jahre später kehrte sie mit falschen Papieren nach Deutschland zurück. In den Nachkriegsjahren mehr und mehr in Vergessenheit geraten, begann die Wiederentdeckung ihres literarischen Werkes erst im Zusammenhang mit der sich in der Bundesrepublik entfaltenden neuen Frauenliteratur.

Rudolf-Ditzen-Weg

Niederschönhausen (Pankow)
S- und U-Bhf. Pankow (S2, S8, S9/U2)
» Besichtigungstipp: Schloss Schönhausen, Tschaikowskistraße 1, 13156 Berlin

Anfang des 20. Jahrhunderts entstand der Villenvorort Niederschönhausen, zu dem neben der Kronprinzen- und Victoriastraße (heute Majakowskiring) auch die Prinz-Heinrich-Straße gehörte. 1937 in Eisenmengerweg und zu DDR-Zeiten in Majakowskiweg umbenannt, trägt die Straße seit 1994 den Namen von Rudolf Ditzen, besser bekannt als Hans Fallada. Im Haus Nr. 19 bezog der Schriftsteller seine letzte Wohnung. In den Kuranstalten Berlin-Westend, wo er wieder einmal zur Entziehungskur weilte, hatte er Mitte Februar 1946 mit einer Arbeit begonnen, die den Titel „Fallada sucht einen Weg. Ein Krankheitsbericht“ trug. Später wurde daraus „Der Alpdruck“. Im Eisenmengerweg beendete er das Manuskript. Und obwohl er im Vorwort betont, dass dieser Roman ein Gebilde der Phantasie sei, gibt es doch zwischen ihm und seinem Protagonisten vielfache biographische Anknüpfungspunkte, so auch die Adresse:

In einem nördlichen Vorort Berlins sitzt ein Mann am Fenster einer kleinen Stube. Es ist Hochsommer, Juli; um es genau zu sagen, es ist der 5. Juli des Jahres 1946. Obwohl es erst morgens um die neunte Stunde ist, hat sich die Taufrische der Nacht ganz aus der Luft verloren. Es ist heiß, und es wird heute noch heißer werden, falls nicht ein Gewitter doch einige Kühlung bringt.

Aber vorläufig sieht es am Himmel nicht nach Gewitter aus. Er strahlt von einem blendenden Sonnenglanz, ist völlig wolkenlos und nicht so sehr blau, sondern gleicht eher weißem, mattem Silber mit dem schwächsten Anflug von Bläue. Wenn der Mann von seinem Schreibtisch hochsieht und aus dem Fenster schaut – er tut das nicht ganz selten, seine Schreiberei scheint ihn nicht sehr zu fesseln –, so muß er zuerst die Augen etwas zusammenkneifen, um die Blendung des Himmels zu mildern. Dann aber sieht er unter diesem hitzedunstenden Himmel etwas auch in einem Berliner Vorort Erfreuliches: grüne

Baumkronen, Häusergiebel und rote Dächer, aber nicht eine Ruine. Nicht einmal ein frisch geflicktes Hausdach trifft sein Blick, auch die Fensterscheiben der Häuser scheinen sämtlich heil zu sein. Eine wahre Wohltat für die Augen in dieser Trümmerstadt!

Für die Unterbringung Falladas und seiner zweiten Frau Ursula Losch im Haus hatte der Dichterkollege und spätere erste Kulturminister der DDR, Johannes R. Becher, gesorgt. Granzow heißt er im Buch. Doch damit nicht genug. Der Autor und sein Held teilen auch dies: Schüler des Schöneberger Prinz-Heinrich-Gymnasiums in der Grunewaldstraße gewesen zu sein. Sie üben inzwischen den Beruf des Schriftstellers aus und haben, bevor sie nach Berlin zurückkehrten, in einer „kleinen Stadt" gelebt, hinter der unschwer Feldberg zu erkennen ist. Beide wurden nach dem Einmarsch der Roten Armee als Bürgermeister ihres Ortes eingesetzt. Beide sind alkohol- und rauschgiftsüchtig, geschieden, in zweiter Ehe mit einer Morphinistin verheiratet. Und beide, Fallada wie Doll, stecken in einer existentiellen Krise, aus der sie sich, Rechenschaft ablegend, zu befreien versuchen. Was der Romanfigur gelingt, blieb dem Autor versagt. Im Eisenmengerweg schrieb er zwar noch in einer Art Parforce-Ritt von 24 Tagen den Roman „Jeder stirbt für sich allein", aber danach war er körperlich und seelisch am Ende. In Niederschönhausen, in einer behelfsmäßig zum Krankenhaus umgerüsteten Schule an der Blankenburger, Ecke Buchholzer Straße starb er am 5. Februar 1947.

Der Majakowskiring, den die Rudolf-Ditzen-Straße kreuzt, war bis 1960 das Wohnviertel der DDR-Polit-Prominenz. In dem durch Mauern abgeschirmten und rund um die Uhr bewachten „Städtchen" wohnten Walter und Lotte Ulbricht (Nr. 28), Wilhelm Pieck (Nr. 29), Johannes R. Becher (Nr. 34), Otto Grotewohl (Nr. 46–48) sowie Erich und Margot Honecker (Nr. 58). 1960 erfolgte der Umzug der politischen Spitze nach Wandlitz.

Das nahe Schloss Schönhausen, einst Wohnsitz von Königin Elisabeth Christine, Gemahlin Friedrichs des Großen, diente im Dritten Reich als Depot für „Entartete Kunst". 1949 wurde es Amtssitz des DDR-Präsidenten Pieck und nach dessen Tod Gästehaus der Regierung.

Schloss Charlottenburg

Spandauer Damm 10–22
Charlottenburg
S-Bhf. Westend (S41, S42, S46)
U-Bhf. Richard-Wagner-Platz (U7)
» Besichtigungstipp: Weihnachtsmarkt vor dem Schloss Charlottenburg (Adventszeit)

Nahe dem damaligen Dorf Lietzow ließ sich Sophie Charlotte, die Gemahlin von Kürfürst Friedrich III., 1695–99 ein Sommerschloss erbauen. Die Entwürfe lieferte der Baumeister Johann Arnold Nering. Bedingt durch dessen Tod, übernahm Martin Grünberg die Ausführung. Ab 1701, dem Jahr der Krönung des brandenburgischen zum preußischen Herrscherpaar, wurde das Schlösschen von Eosander von Göthe beträchtlich erweitert und zur dreiflügeligen Anlage umgestaltet. Unter Friedrich II. und seinem Baumeister Georg Wenzeslaus von Knobelsdorff entstand der östliche Neue Flügel. Seine endgültige Form erhielt das Barockschloss unter Friedrich Wilhelm II. mit dem von Carl Gotthard Langhans als Verlängerung der Orangerie errichteten Theaterbau. Im Zweiten Weltkrieg durch Bombardierung und Beschuss schwer beschädigt, begann nach anfänglichen Abrissplänen ab Ende der 1940er Jahre der sukzessive Wiederaufbau der einstigen Hohenzollernresidenz.

Dabei wurden auch der Barockgarten im vorderen und der Landschaftsgarten im hinteren Teil des weitläufigen Schlossgrundstückes rekonstruiert. In ihrem Buch „Orte" verknüpft Marie Luise Kaschnitz mit diesem Garten Kindheitserinnerungen an die Zeit vor dem Ersten Weltkrieg:

Wie ich einmal mit dem englischen Fräulein durch den Charlottenburger Schloßgarten ging. Wir hatten ein englisches Kinderbuch mitgenommen, aus dem ich vorlesen sollte und auch vorlas, zu meiner Verwunderung hatten wir uns dazu aufs Gras gelegt, unter schöne schattige Bäume und in einiger Entfernung vom Weg. Die Engländerin, die wir Cacol nannten und die wir sehr liebten, sah den Polizisten schon von weitem, dachte aber nicht daran, sich aus ihrer bequemen Lage zu

Mausoleum der Königin Luise, Schlosspark Charlottenburg

erheben, und unterbrach mein Vorlesen nicht. Ich sah erst auf, als mir der Pickelhaubenschatten aufs Buch fiel, und erschrak, denn Schilder, die das Betreten der Rasenfläche verboten, standen überall. Der Polizist zog sein Notizbuch, jetzt, dachte ich, kommen wir ins Gefängnis, zu Wasser und Brot. Name und Adresse, sagte der Polizist streng, und Cacol nannte lächelnd eine ganz fremde Straße und einen fremden Namen, auch ich wurde von ihr umgetauft, ich war ihre Tochter und wohnte bei ihr. Wir gingen alle drei über den Rasen, und der Polizist verließ uns unfreundlich, wir würden von ihm hören, das leichtsinnige Lachen der Engländerin hatte ihn in seiner Beamtenehre gekränkt.

Die Kleine ist stolz auf den Mut des Kindermädchens. Aber als sie, naiv genug, ihr Erlebnis den Eltern erzählt, sind die Tage des englischen Fräuleins im Haus gezählt. Ungehorsam, noch dazu gegenüber staatlichen Autoritäten, wird in der Familie eines badischen, nunmehr preußischen Offiziers nicht goutiert.

Die in Karlsruhe geborene Marie Luise Freifrau von Holzing-Berstett wuchs in Potsdam und Berlin auf, lernte Buchhändlerin und heiratete 1925 den Archäologen Guido von Kaschnitz-Weinberg, den sie fortan auf seinen Studienreisen begleitete. 1933 debütierte sie mit dem autobiographischen Roman „Liebe beginnt", dem 1937 der Roman „Elissa" folgte. Weitere Bücher publizierte sie während des NS-Regimes, das sie aus ihrem christlich-humanistischen Ethos zutiefst ablehnte, nicht mehr. Eine umfassende Sammlung lyrischer Arbeiten brachte sie erst 1947 heraus. Mit ihren Gedichten, Erzählungen und Hörspielen gehörte Marie Luise Kaschnitz, wie sie sich als Dichterin nannte, zu den eindringlichen Stimmen der deutschen Nachkriegsliteratur. Der Prosaband „Orte", der 1973 erschien, wurde ihr literarisches Vermächtnis.

Ehemaliges Schloss Monbijou

Monbijoupark
Spandauer Vorstadt (Mitte)
S-Bhf. Hackescher Markt (S3, S5, S7, S75)
» Einkehrtipp: Strandbar Mitte, Monbijoustraße 3 (April bis Ende September)

Anfang des 18. Jahrhunderts erwarb Johann Kasimir Reichsgraf Kolbe von Wartenberg, seines Zeichens preußischer Generalpostmeister, das einstige kurfürstliche Meiereigelände gegenüber der heutigen Museumsinsel und ließ von Eosander von Göthe ein Lustschloss für sich und seine Gattin, die Mätresse von Friedrich I., errichten. Nachdem das Ehepaar in Ungnade gefallen war, erwarb der König das Schloss und stellte es Sophie Dorothea, der Gemahlin des Kronprinzen, zur Verfügung, die es 1712 zu ihrer Sommerresidenz machte.

Jochen Klepper lässt das Lustschloss zu einem der Schauplätze seines Romans „Der Vater" werden. Inzwischen haben Friedrich Wilhelm I. und Sophie Dorothea den Thron bestiegen:

Während der lärmenden und schmutzigen Bauarbeiten in dem Großen Residenzschloß entschloß sich die Königin, ihr Lustschloß Monbijou zu beziehen. Ihre beiden Kinder nahm sie mit sich. Die einstigen Gemächer der verbannten Gräfin Wartenberg wurden eiligst für die Bedürfnisse der Königin hergerichtet; wiederholt ließ König Friedrich Wilhelm anfragen, was etwa noch fehle. Doch war alles reichlich vor-

handen. Die Königin hatte endlich ihren, wenn auch kleinen Hof und war deshalb in bester Laune. Das Schloß, ein Bau zu ebener Erde, ein Eosanderscher Lusthof nach italienischer Art mit französischem Garten, schien der Königin reich und schön und für die Repräsentation einer großen Dame wie geschaffen, weil auf die Gesellschaftsräume unendliche Sorgfalt verwendet worden war. Für Personal und Gäste waren reichlich Nebenflügel vorhanden. Die Galerie mit ihren Arkaden und den wie Bambusstäben zarten Säulen und die kleinen Säle der Hauptfront lagen fast den ganzen Tag in der Sonne, und nahe dem Gartensaal, vor der steinernen Terrasse, floß die Spree unter breiten Akazien vorüber.

Später als Witwensitz genutzt, diente Schloss Monbijou seit 1877 als Hohenzollernmuseum. Bei einem Bombenangriff 1943 brannte es aus und wurde zu DDR-Zeiten abgerissen.

Jochen Klepper, der nach dem Theologiestudium für den Evangelischen Presseverband in Breslau tätig war, kam 1932 nach Berlin, wo er für den Rundfunk arbeitete und 1933 mit dem Roman „Der Kahn der fröhlichen Leute" als Schriftsteller debütierte. Mit einer Jüdin verheiratet, verlor er im selben Jahr seine Stelle beim Rundfunk und musste zuletzt auch die Tätigkeit als Verlagslektor aufgeben.

1937 veröffentlichte er den Roman „Der Vater", in dem er, das spannungsreiche Verhältnis zum eigenen Vater verarbeitend, den Konflikt zwischen dem „Soldatenkönig" und dessen Sohn Friedrich gestaltete. Dem über 900 Seiten umfassenden Werk war ein überraschender Erfolg beschieden. Dennoch erfolgte nur wenige Wochen darauf sein Ausschluss aus der Reichsschrifttumskammer. Nur mit einer Sondergenehmigung durfte 1938 noch der Band „Kyrie", eine Sammlung seiner Gedichte und geistlichen Lieder, erscheinen, die ihn zum einflussreichsten evangelischen Kirchenlieddichter im 20. Jahrhundert machen sollte. Als die Deportation der Stieftochter bevorstand, wählte er gemeinsam mit ihr und seiner Frau 1942 den Freitod. Erst postum und nach dem Ende der Nazi-Zeit wurden seine erschütternden Tagebücher aus den Jahren 1932 bis 1942 der Öffentlichkeit zugänglich.

Siegessäule

Großer Stern
Tiergarten
S-Bhf. Bellevue (S3, S5, S7, S75)
» Einkehrtipp: Café am Neuen See, Lichtensteinallee 2

Zur Erinnerung an die Kriege gegen Dänemark (1864), Österreich (1866) und Frankreich (1870/71) beauftragte Kaiser Wilhelm I. den Architekt Johann Heinrich Strack mit der Errichtung der Siegessäule am Königsplatz, dem heutigen Platz der Republik. Die vergoldete Siegesgöttin Viktoria, von den Berlinern „Goldelse" genannt, schuf der Bildhauer Friedrich Drake. Dem Maler Anton von Werner oblag die Gestaltung der farbigen Wandmosaiken, den Bildhauern Alexander Candrelli, Karl Keil, Moritz Schultz und Albert Wolff die Ausführung der 12 m breiten Reliefs im Inneren der Säulenhalle. 1873 eingeweiht, wurde die Siegessäule im Zuge der Planungen Albert Speers für den Umbau Berlins zur Welthauptstadt „Germania" 1938/39 an den Großen Stern versetzt und nach dem Überfall auf Frankreich durch ein viertes Säulensegment erhöht.

An ihrem ursprünglichen Standort, gegenüber dem Reichstag, begegnet uns die Siegessäule in einer Schlüsselszene von Hans Falladas Roman „Der eiserne Gustav". Der Titelheld Gustav Hackendahl, ehemaliger Wachtmeister der Pasewalker Kürassiere, hatte nach Beendigung der aktiven Dienstzeit ein florierendes Droschkenunternehmen in Berlin aufgezogen. Inzwischen aber – es ist der Vorabend des Ersten Weltkriegs – gerät er mit seinem Geschäft zunehmend in Bedrängnis durch die wachsende Konkurrenz der Automobile.

Schon war die Siegessäule glücklich umrundet, da zeigte sich eine neue Gefahr in der Gestalt eines pickelhelmigen Schutzmannes. Die wilde Jagd, das galoppierende Pferd hatten seinen Unwillen erregt, in der einen Hand ein dickes Notizbuch, die andere hoch erhoben, trat er auf die Fahrbahn, Einhalt gebietend solch verkehrswidrigem Tun.

Er hatte gut gebieten, Hackendahl gehorchte jeder Obrigkeit, der Schimmel gehorchte nur dem Instinkt der Pferde, er raste weiter.

Der Schutzmann machte einen ganz unmilitärischen Schrecksatz zurück – und alles war vorüber. Weiterrasend wußte Hackendahl, er wurde aufgeschrieben, er bekam eine Strafe – er war vorbestraft!

Mit einem verzweifelten Ruck riß er den Kopf des Pferdes nach rechts in die stille Hindersinstraße, das überlistete Automobil schoß geradeaus weiter, der Schimmel machte noch zehn, fünfzehn Galoppsprünge, fiel in Trab, in Schritt …

Hackendahl merkte, daß ihn der Geheimrat von hinten am Arm riß. „Sie sollen anhalten, Kerl! Verstehen Sie nicht?!" schrie der Alte kirschrot vor Wut.

Hackendahl hielt an.

„Verzeihen Sie, Herr Geheimrat", rief er aus. „Der Schimmel ist mir durchgegangen. Das Automobil hat ihn wild gemacht, der Chauffeur hat das mit Absicht getan!"

„Wettraserei!" sagte der alte Herr noch immer zitternd. „Alte Leute und Wettfahrten!" Er stieg aus, mit zitternden Knien. „Wir sind das letzte Mal zusammen gefahren, Hackendahl. Schicken Sie mir Ihre Rechnung. Schämen sollten Sie sich!"

Er, der wegen seines unerschütterlichen Pflichtbewusstseins der Eiserne Gustav genannt wird, muss ohnmächtig mit ansehen, wie ihm allmählich alles entgleitet: Nicht nur sein Geschäft, nicht nur seine Kinder, von denen er erkennt, dass sie nichts taugen, sondern auch und vor allem sein geliebtes Preußen. Der Kaiser tritt kläglich ab. Mit siebzig setzt sich Hackendahl noch einmal in die Droschke und startet zu einer Fahrt nach Paris.

Hans Fallada griff hier einen Fall auf, den es tatsächlich gegeben hatte. Im April 1928 war der Berliner Droschkenkutscher Gustav Hartmann zu eben solch einer Reise aufgebrochen, um ein Zeichen gegen den Niedergang seines Gewerbes zu setzen.

Der Stoff wurde 1937 von der Filmgesellschaft Tobis an Fallada herangetragen, nachdem sich Goebbels wohlwollend über dessen Roman „Wolf unter Wölfen" geäußert und damit grünes Licht gegeben hatte, den bislang nur Geduldeten, für die eigenen Zwecke einzuspannen. In der Rekordzeit von einem Vierteljahr lieferte der Autor das Manuskript ab, ohne allerdings die Kulturgewaltigen überzeugen zu können. Erwartet hatte man von ihm, dass er die Geschichte bis zur Machtergreifung Hitlers weiterführen und dem Ganzen somit einen „versöhnlichen"

Schluss geben werde. Fallada war verzweifelt, schrieb das Buch aber um. Der Eiserne Gustav macht seinen Frieden mit den Nazis. Eine Verfilmung kam dennoch nicht zustande.

Trotz großartiger Passagen und trotz der realistischen Erzählkunst, die immer wieder aufblitzt, hinterlässt der Roman bis heute einen schalen Geschmack. In der Bundesrepublik erschien 1958 eine stark redigierte Fassung. Im selben Jahr kam der Film mit Heinz Rühmann in der Hauptrolle heraus. In der DDR wurde das Buch erst anderthalb Jahrzehnte später in einer von Günter Caspar rekonstruierten Fassung veröffentlicht.

Smetanastraße

Weißensee

S-Bhf. Greifswalder Straße (S8, S9, S41, S42)

» Einkehrtipp: Restaurant Kleines Laternchen, Smetanastraße 9

Unmittelbar nach der Gründung des Deutschen Reiches und dem damit verbundenen Aufstieg Berlins zur Reichshauptstadt entstand an der König Chaussee (heute Berliner Allee) ein neues Viertel, dessen Straßen im nationalen Taumel über den gewonnenen Krieg gegen Frankreich zumeist nach den dortigen Kriegsschauplätzen bzw. annektierten Gebieten benannt wurden. 1951 durch die Namen berühmter Komponisten ersetzt – die Wörthstraße heißt seitdem Smetanastraße – wird es heute gern als Komponistenviertel bezeichnet.

In dem Kiez, der im Süden vom Jüdischen Friedhof Weißensee begrenzt wird, sind Teile von Wolfdietrich Schnurres 1981 veröffentlichtem Roman „Ein Unglücksfall" angesiedelt. Der Zweite Weltkrieg ist inzwischen dort angekommen, wo er angezettelt worden war: in Berlin. Zum Schutz vor den Luftangriffen der Alliierten herrscht nachts Verdunkelungspflicht. Der Soldat Karl Goschnick, bemüht nicht aufzufallen, schleppt sich in geklauten Zivilklamotten durch Weißensee. Er hat sich in Galizien eine Kugel ins Bein geschossen, um dem Irrsinn der Front zu entfliehen. Als man ihn mit anderen Verwundeten nach Küstrin bringt, ergreift er die erstbeste Gelegenheit, zu desertieren und sich in seine Heimatstadt durchzuschlagen:

[…] und nu lag die Wörthstraße vor mir, mit ihrn grauen, vierstöckigen Häuserzeilen; leer, alles verdunkelt, bloß der Mond hat sich in den Fenstern gespiegelt, bloß die gekappten Ulmen haben ihrn zusammengestauchten Schatten aufs Pflaster geworfen, und bei jedem Schritt, den ich tat, behutsam, beinah auf Zehen, die Hacke wie n Lebewesen an mich gepreßt, haben meine unzuverlässigen Stiebel, ‚nach Hause, nach Hause, nach Hause' geächzt.

Und jetzt war, Ecke Sedanstraße, auf der fensterlosen Rückwand der Mietskaserne, auch schon diese verblichene, vier Stock hohe Persil-Frau zu sehn, von der die Rachel immer geträumt hat; und an Else Krauses Gardinenspannerei und an Frau Paschens Gemischtwarenhandlung und an Herrn Wockes Papierwarenladen kam ich vorbei; und auf einmal, wie ich mir grade, mit nem Hirn, das noch nie was kapiert haben kann, und mit nem Herzen, das plötzlich so lahm schlägt, als hätt s Blei durch die Adern zu pumpen, klarzumachen versuch: nächste Querstraße rum um die Ecke, und du stehst vor dem Haus, wo dich im tiefsten Winkel vom Keller, ohne s zu wissen, der Avrom und die Sally Grünbaum erwarten, auf einmal heulen überall die Sirenen los, und man hört s poltern rings in den Häusern, und ‚Licht aus!' kreischt ne gurgelnde Stimme; und harmlose Wolken kriegen plötzlich stelzige Scheinwerferbeine, und der Mond sieht gar nich mehr katzengemütlich, sondern wie ne ätzende, giftsprühende Leuchtkugel aus; und da donnert s im Westen auch schon, und n feines, stetig anschwellendes Summen is dazwischen zu hörn, n Stechmückenflügelgeräusch, da kommt n Schnakenschwarm näher, müssen jetzt zwischen Spree und Alexanderplatz sein, die Bomberverbände; paar Minuten noch, dann sind sie hier; und ich merk, daß ich renne […]

Nicht allein die Ablehnung des Tötens hat Goschnik zur Desertion bewogen, sondern vor allem die Sorge um das mit ihm befreundete jüdische Ehepaar Grünbaum. Denn Awrom und Sally leben versteckt im Keller seiner Weißenseer Glaserwerkstatt und bedürfen der Hilfe. Aber er kommt zu spät. Das Gefühl, an ihrem Tod mitschuldig zu sein, lässt ihn von nun an nicht mehr los.

So wie ihm erging es dem Autor selbst, der immer wieder in seinen Romanen, Novellen, Kurzgeschichten, Hörspielen und Gedichten das Thema der deutschen Schuld zur Sprache gebracht hat. Wolfdietrich

Schnurre, in Frankfurt a. M. geboren, war als 8-Jähriger mit dem Vater nach Berlin gezogen – die Mutter hatte sich bereits nach der Geburt des Sohnes von der Familie getrennt – und wuchs in dem erhalten gebliebenen Eckhaus Straßburgstraße 32 (heute Meyerbeerstraße) auf. Praktisch von der Schulbank in den Krieg geschickt, diente er zuletzt in einer Strafkompanie, aus der er im April 1945 desertierte. Nach Kriegsende betätigte er sich als Journalist und begann darüber hinaus, Geschichten in Zeitungen und Zeitschriften zu veröffentlichen. Gemeinsam mit Alfred Andersch und Hans Werner Richter gründete er 1947 die Gruppe 47. Sein wohl bekanntestes Werk „Als Vaters Bart noch rot war. Ein Roman in Geschichten" erschien 1958. Vier Jahre später protestierte er mit seinem Austritt aus dem P.E.N.-Zentrum der Bundesrepublik gegen die Stillhaltetaktik der Schriftstellervereinigung zum Bau der Berliner Mauer. Ein Unbequemer, der nicht müde wurde, gegen jede Form des Unrechts die Stimme zu erheben.

Sperlingsgasse
Mitte
U-Bhf. Spittelmarkt (U2)

Die Spreegasse, wie sie ursprünglich hieß, verbindet die Brüderstraße mit dem westlichen Spreearm und liegt in einem der ältesten Teile der Stadt. Im Zweiten Weltkrieg teilweise zerstört, fiel die historische Bebauung nach anfänglichen Wiederherstellungsmaßnahmen endgültig der Kahlschlagsanierung in den 1960er Jahren zum Opfer. Womit auch das Haus Nr. 11 verloren ging, in dem der 23-jährige Wilhelm Raabe Unterkunft fand, als er 1854 nach Berlin kam, um sich als Gasthörer an der Universität einzuschreiben. Unwidersprochen ist bislang, dass die Straße, die 1931, anlässlich von Raabes 100. Geburtstags ihren heutigen Namen erhielt, darüber hinaus als Vorbild für dessen Erstlingswerk „Die Chronik der Sperlingsgasse" diente. Er selbst hat dies zwar zeitlebens behauptet, aber Zweifel sind angebracht. Im Roman heißt es mit Blick aus dem Fenster des greisen Ich-Erzählers Johannes Wacholder:

> *Auf der Sophienkirche schlägt's jetzt! – Erst vier? Und schon fast Nacht! „Vier!" wiederholen die Glocken dumpf über die ganze Straße. Jetzt*

sind die Schulen zu Ende! Hurra – hinaus in den beginnenden Winter: die Buben wild und unbändig, die Mädchen, ängstlich und trippelnd, dicht sich an den Häuserwänden hinwindend. Hier und dort blitzt nun schon in einem dunkeln Laden ein Licht, immer geisterhafter wird das Aussehen der Sperlingsgasse.

Und weiterhin wird ausgeführt:

Die Sperlingsgasse ist ein kurzer, enger Durchgang, der die Kronenstraße mit einem Ufer des Flusses verknüpft, welcher in vielen Armen und Kanälen die große Stadt durchwindet.

Abgesehen von der topographischen Verwirrung, die der Autor stiftet (die Kronenstraße wie auch die Sophienkirche befinden sich jeweils in anderen Stadtvierteln), lässt sich aus den insgesamt wenigen und immer nur flüchtigen Skizzen beim besten Willen kein eindeutiger stadträumlicher Bezug herstellen. Falls ein solcher überhaupt beabsichtigt war, ging er wohl spätestens im Fortgang des Schreibens verloren. Dem literarischen Anfänger musste klar geworden oder klar gemacht worden sein, dass sich *seine* Straße kaum dazu eignete, den sozialen Hintergrund der Figuren glaubhaft abzubilden.

Denn im Gegensatz zu den Künstlern und Intellektuellen, die er hier auftreten lässt, lebten in der nahe dem Stadtschloss und dem Neuen Marstall gelegenen Spreegasse Hofbedienstete, Kutscher, Stallpersonal, Arbeiter und Handwerker. Einziger Künstler, den die Adressbücher nennen, war ein „Zahnkünstler".

Von daher musste offen bleiben, wo genau dies alles anzusiedeln ist. Falsche Spuren wurden gelegt, der Name verfremdet. Eine Fiktion entstand – die Sperlingsgasse.

Mit dem Buch jedenfalls wurde Raabe über Nacht als Schriftsteller berühmt. Und es sollte, obwohl er nur noch einmal und nur für kurze Zeit nach Berlin zurückkehrte, nicht der letzte Roman sein, mit dem er auf die Stadt seiner Studentenjahre verwies.

Stallschreiberstraße

Luisenstadt (Kreuzberg(Mitte)
U-Bhf. Moritzplatz (U8)
» Einkehrtipp: Wirtshaus Max und Moritz, Oranienstraße 162

Nachdem im Dreißigjährigen Krieg aus Furcht vor einem Angriff der Schweden die im Süden gelegenen Vorstädte Berlin-Köllns auf Befehl des kurfürstlichen Statthalters Adam Graf zu Schwarzenberg 1641 niedergebrannt worden waren, begann vierzig Jahre später die mühsame Neubebauung des Terrains. Entlang der Landwege nach Rixdorf und Köpenick entstanden einige der noch heute vorhandenen Straßen, so auch die Stallschreibergasse, spätere Stallschreiberstraße.

Am Ende des Zweiten Weltkrieges lag, wie schon dreihundert Jahre zuvor, abermals alles in Trümmern. In die „Stunde Null" führt Günter de Bruyns Prosatext „Stallschreiberstraße 45":

Da, wo einmal die Stallschreiberstraße gewesen ist, geht der Mann durch die Trümmerwüste, langsam, ein Bündel Stangen auf der Schulter, bleibt manchmal stehen, sieht nach unten, nach vorn, zurück, und geht dann weiter in Richtung Moritzplatz, genau auf Janke zu. Wenn die Häuser noch stehen würden, könnte man ihn nicht sehen; jetzt sieht man den Kopf und die Schultern; wie von einer Schnur gezogen rutschen sie auf den halbhohen, geborstenen Mauern entlang.

Janke läßt die Bohnen in der hohlen Hand klappern und beginnt zu reden. Daß da so viel Erde unter war! Fünfzig Jahre lang waren immer nur Stein da und Asphalt, Straße Trottoir, Vorderhaus, erster Hof, Hinterhaus, zweiter Hof, zweites Hinterhaus, alles nur Steine, Ziegelsteine, kleine Pflastersteine, große Pflastersteine, Rinnsteine, und Asphalt, manchmal Eisen auch, die Gullys, die Hydrantendeckel, die Teppichstange, Blechschilder, Betteln und Hausieren verboten, Deutsche Feuersozietät. Und jetzt merkt man plötzlich, daß da immer Erde unter war, richtige Erde, in der man die Frau begraben kann und die Kinder, wo Melde wachsen kann und Disteln und Birken und Tomaten, Obstbäume sogar, die sogar gut, die lieben Kalk, und der ist genug drin, durch den Schutt. Einen Boskoop hat er schon in Aussicht für den Herbst. Aber der allein nutzt nicht viel. Andere Sorten müssen in der

Nähe stehen, da der Boskoop sich nicht selbst befruchten kann. Aber zum Glück sind auch Laubenkolonien zerbombt, in Hohenschönhausen, in Lichtenrade oder Baumschulenweg. In zehn bis zwölf Jahren spätestens kann man mit annehmbaren Ernten rechnen.

Günter de Bruyn, 1943 mit siebzehn zur Wehrmacht eingezogen, erlebte als Flak-Soldat den Untergang der deutschen Hauptstadt. Die Erfahrungen der Kriegs- und Nachkriegszeit fanden Niederschlag in seinem ersten, 1964 veröffentlichten Roman „Der Hohlweg", für den er den Heinrich-Mann-Preis erhielt. Ein Werk, das er später selbst für misslungen hielt. International bekannt wurde er mit Romanen wie „Buridans Esel", „Preisverleihung" oder der Erzählung „Märkische Forschungen", in denen er sich als scharfsichtiger und kritischer Beobachter der DDR-Gegenwart erwies. Daneben ist er mit vieldiskutierten biographischen Arbeiten, so zu Jean Paul, und als Herausgeber hervorgetreten. Seit den 1990er Jahren hat sich der in Ost und West mit Literaturpreisen ausgezeichnete de Bruyn in seinen Büchern verstärkt mit Themen der preußischen Geschichte auseinandergesetzt.

Stasimuseum – Forschungs- und Gedenkstätte Normannenstraße

Ruschestraße 1
Lichtenberg
U-Bhf. Magdalenenstraße (U5)

In dem Komplex zwischen Magdalenen-, Normannen- und Ruschestraße hatte die Zentrale des Ministeriums für Staatssicherheit ihren Sitz. Dem MfS, das zugleich für die Ermittlung „politischer Straftaten" zuständig war, unterstanden der Inlands- und Auslandsgeheimdienst. Die Stasi, wie sie allgemein genannt wurde, stellte nicht das einzige Instrument dar, mit dem der „Arbeiter- und Bauernstaat" seine Bürger unterdrückte, aber das bei weitem brutalste und gefürchtetste. Am Abend des 15. Januar 1990 besetzten Bürgerrechtler die Zentrale des MfS, um die bereits angelaufene klammheimliche Vernichtung von Akten zu stoppen, derer sich die Staatssicherheit nach der Wende zu entledigen suchte.

Im Frühjahr 1990 stattete der Schriftsteller Cees Nooteboom dem Ort einen Besuch ab und notierte:

> *Vor dem Stasi-Gebäude in der Normannenstraße. Ich beobachte es von der gegenüberliegenden Straßenseite aus. Es ist still an diesem Ostersonntagmorgen, das Gebäude steht breit und böse in der Sonne. Ein Passant auf der anderen Seite ruft lachend: „Liegt da von dir auch noch was?" Nein, von mir liegt da nichts. Weil es in dieser Straße so still ist, kann ich mir den Verrat als Geräusch vorstellen: Durchs Telefon verzerrte Stimmen, Anzeigen, das Flüstern über den Nachbarn, den Arzt, den Pastor, das Telex-Geratter, die leisen Maschinengewehre der Schreibmaschinen, die Wörter eines Berichterstatters, die in einem Raum hängen bleiben. Bei der Stasi waren mehr Leute beschäftigt als in der Armee, das Netz war bis in die kleinsten Dörfer ausgeworfen, ein jeder konnte eines jeden Spion sein, jedes Wort konnte einem anderen in den Mund gelegt und weitergetragen werden, bis es sich hier in diesem Gebäude in ein Dossier verwandelte, in einen Bericht, eine Waffe, die auch nach der Wende geladen blieb, und die, weil man benutzt wurde oder sich benutzen ließ, gegen einen benutzt werden konnte.*

Nach Berlin-Aufenthalten in den frühen 1960er Jahren weilte Cees Nooteboom 1989 erneut in der geteilten Stadt, wo er Zeuge des Mauerfalls wurde. Seine Beobachtungen und Gedanken vor und während der Wende hielt er in dem Band „Berliner Notizen" fest, der in deutscher Übersetzung erstmals 1991 erschien. Seit der Novelle „Die folgende Geschichte", die er ein Jahr später veröffentlichte und ein Verkaufserfolg wurde, gehört der Lyriker, Erzähler und Essayist zu den meistgelesenen niederländischen Autoren in Deutschland.

Tauentzienstraße

Charlottenburg/Schöneberg
U-Bhf. Wittenbergplatz (U1, U2, U3)

Namensgeber der 1864 benannten Straße ist der preußische General Bogislav Friedrich Emanuel Graf Tauentzien von Wittenberg, der sich in den Befreiungskriegen 1813–15 mehrfach ausgezeichnet hatte. Als vornehme Wohnstraße angelegt, entwickelte sich der Tauentzien nach der Wende zum 20. Jahrhundert mehr und mehr zur eleganten Einkaufs- und Vergnügungsmeile ein. Den Auftakt dazu hatte das 1907 eröffnete KaDeWe gegeben, das nicht nur die Berliner in Scharen anzog, sondern auch die ausländischen Gäste der Stadt. In den frühen 1920er Jahren waren der Wittenbergplatz und die Tauentzienstraße fest in russischer Hand. Mit den geretteten Devisen und angesichts einer galoppierenden Inflation in Deutschland ging es selbst weniger begüterten Emigranten noch ausnehmend gut. Der Schriftsteller Andrej Bely schreibt:

> *Wer aus Russland kommt, deckt sich mit Schuhen, Handschuhen, Mützen und Regenschirmen ein; in urtümlichen Fellmützen trifft man ein, in den abgewetzten Pelzen Sowjetrusslands, um als Europäer wieder abzureisen oder piekfein im Café Tauentzien einzukehren – zum Fünfuhr-Tanztee. Hier gibt es auch die Schiffskarten nach Leningrad. Der Geist der Russen – es riecht nach Russland.*
>
> *Und hört man doch einmal Deutsch, ist das Staunen groß: Wieso? Deutsche? Was haben sie in unserer Stadt zu suchen? Die Tauentzienstraße ist breit; in der Mitte pausenlos Straßenbahnen, Autobusse, Autos; vor den prächtigen Läden sitzen reihenweise Bettler, ohne Arme, ohne Beine, die Kriegsinvaliden von Vierzehn/Achtzehn, viele mit dem Eisernen Kreuz dekoriert, dem Georgsorden der Deutschen; sie strecken ihre Stümpfe den Passanten entgegen, Russen meist, deren Rede mit russischen Neubildungen gespickt ist: abgemacht, abgeschlossen.*

Bely, einer der führenden Theoretiker des Symbolismus in Russland, war im Ausland vor allem durch seine Romane „Die silberne Taube“ und „Petersburg“ bekannt geworden. Eigentlich kein Gegner der Oktoberrevolution hatte sich der Schüler Rudolf Steiners indes mit seinen anthroposophischen Ideen wie auch mit der von ihm gegründeten Freien Philosophischen Vereinigung bei den neuen Machthabern verdächtig gemacht. Von der Entwicklung in seiner Heimat enttäuscht, entschloss er sich im November 1921 Zuflucht in Berlin zu suchen, wo er darüber hinaus seine ehemalige Lebensgefährtin zu treffen hoffte. Heimisch wurde er – wie die meisten Russen – in Deutschland nicht. Auch die Hoffnung, die Liebesbeziehung zu Assja Turgenjewa erneuern zu können, zerschlug sich. 1923 kehrte er in die Sowjetunion zurück, wo man ihn freilich als Staatsfeind betrachtete und Publikationsverbot gegen ihn verhängte.

Theodor-Heuss-Platz

Westend (Charlottenburg)
U-Bhf. Theodor-Heuss-Platz (U2)
» Einkehrtipp: Theodor Restaurant, Theodor-Heuss-Platz 10

Die ab 1866 angelegte Villenkolonie Westend wurde zu Beginn des 20. Jahrhunderts um Neu-Westend erweitert. Im Zuge des Ausbaus entstand ein Schmuckplatz, der 1906 den Namen Reichskanzlerplatz erhielt. In den Planungen Albert Speers für die monströse Welthauptstadt „Germania" war dem Platz innerhalb der so genannten „Ost-West-Achse", die von der Straße Unter den Linden bis zur Stadtgrenze in Staaken führen sollte, eine zentrale Rolle zugedacht. 1933 erfolgte die Umbenennung in Adolf-Hitler-Platz. Nach dem Zweiten Weltkrieg zunächst rückbenannt, trägt der Platz seit 1963 den Namen des ersten Bundespräsidenten.

Am Reichskanzlerplatz findet Hendrik Höffgen, der Protagonist in Klaus Manns satirischem Roman „Mephisto", eine Wohnung. Der Schauspieler hat die Theatersaison 1929/30 hinter sich gebracht und die ersten großen Erfolge in Berlin feiern dürfen.

> *Der Sommer ist da, Hendrik gibt die zwei trüben Stuben auf, mietet sich eine helle Wohnung im Neuen Westen, am Reichskanzlerplatz, kauft sich zahlreiche Hemden, gelbe Schuhe und zartfarbene Anzüge, nimmt Unterricht in der Kunst des Chauffierens und verhandelt mit mehreren Firmen wegen des Ankaufs eines schicken Kabrioletts, welches er zum Reklamepreis beansprucht […] Frau von Herzfeld kommt zu Besuch, um Hendrik bei der Einrichtung seiner neuen Wohnung zu helfen. Sie wählt Stahlmöbel aus, und als Schmuck für die Wände Reproduktionen nach van Gogh und Picasso. Die Räume behalten eine Kahlheit von elegantem, anspruchsvollem Gepräge.*

Obwohl der Autor ausdrücklich darauf verweist, dass alle Personen dieses Buches Typen darstellen und keine Porträts seien, ist doch hinter der Figur Hendrik Höffgens unschwer der Schauspieler Gustaf Gründgens zu erkennen, der eine Zeitlang mit Klaus Manns Schwester Erika verheiratet war. Anders als die Schriftstellerfamilie Mann aber, die 1933 emigrierte, ließ sich Gründgens mit den Gewaltigen des NS-Regimes ein und machte, protegiert von Hermann Göring, eine steile Karriere, die ihn als Generalintendant bis an die Spitze der Preußischen Staatstheater führte.

Klaus Mann, der älteste Sohn Thomas Manns, schuf mit diesem im Exil niedergeschriebenen „Roman einer Karriere" eine sarkastische Parabel auf das Mitläufertum, dem der persönliche Vorteil allemal höher steht als die Verantwortung gegenüber der Gesellschaft und das sich deshalb nicht einmal scheut, „vom Brot der Mörder" zu essen.

Gustaf Gründgens wurde nach dem Krieg inhaftiert, kam aber durch Fürsprache zahlreicher Künstler- und Schauspielerkollegen, darunter Ernst Busch, den er vor der Hinrichtung durch die Nazis bewahrt hatte, schon 1946 frei und stand noch im selben wieder auf der Bühne.

Unter den Linden

Dorotheen-/Friedrichstadt (Mitte)
S- und U-Bhf. Brandenburger Tor (S1, S2, S25 / U55)
» Einkehrtipp: Theodor Tucher. Speisekabinett & Leselounge, Pariser Platz 6a

Ursprünglich als Verbindung zwischen Stadtschloss und Tiergarten, dem kurfürstlichen Jagdrevier, angelegt, begann ab Ende des 17. Jahrhunderts der allmähliche Ausbau des Reitwegs zum repräsentativen Boulevard.

Auch Friedrich der Große, siegreich aus dem Siebenjährigen Krieg hervorgegangen, ließ es sich nicht nehmen, der Straße weiteren Glanz zu verleihen und als Bauherr aufzutreten. Mit Blick auf ihn schrieb Anna Louisa Karsch in einem Brief im April 1770:

Er verschönert gegenwärtig die Lindenstraße nach dem Tiergarten zu durch Aufbau größerer Häuser und wendet viel Geld auf steinerne Wasserübergänge und da bleibt ihm für die deutschen Dichter wenig übrig. Andere bekommen gar nichts, lasset uns zufrieden sein. Ich habe noch Brot, wohne gut, bin sauber gekleidet …

Reiterdenkmal Friedrich der Große, Unter den Linden

Sieben Jahre zuvor war die Karschin von Friedrich in Sanssouci empfangen und nach der Audienz mit dem etwas nebulösen Versprechen entlassen worden, dass er für sie sorgen werde. In den neidischen Berliner Literatenkreisen wollte man, wie die Plaudertasche Ramler an Ludwig Gleim vermeldete, von „zweihundert Reichsthalern jährlich und von einem Hause und Garten in Charlottenburg" erfahren haben. Außer einer einmaligen kleineren Zuwendung erhielt die Dichterin jedoch nichts. 1773 wandte sie sich abermals an den König, um sich bei ihm in Erinnerung zu bringen. Daraufhin ließ er ihr ein Gnadengeschenk von zwei Talern zukommen, die sie entrüstet an den Hofstaatssekretär zurücksandte.

In Vladimir Nabokovs 1928 geschriebenen Roman „König Dame Bube" verwandeln sich der Boulevard Unter den Linden ebenso wie der Kurfürstendamm zu Wunschbildern und Orten der Sehnsucht, denen der Held im Zug sitzend entgegenfiebert:

> *Berlin! Schon in dem Namen der noch unbekannten Hauptstadt, im Gerumpel und Geratter der ersten Silbe und im leichten Klingen der zweiten war etwas, das ihn erregte wie die romantischen Namen guter Weine und schlechter Frauen. Schon schien der Schnellzug die berühmte Prachtstraße entlangzubrausen, die für ihn mit riesigen uralten Linden gesäumt war, unter denen für ihn eine farbenfrohe Menge brodelte. Der Schnellzug brauste an jenen Linden vorüber, die so üppig aus dem widerhallenden Namen der Prachtstraße hochgewachsen waren, und („derlin, derlin" ging die Glocke des Kellners, die verspätete Speisegäste rief) schoß unter einen gewaltigen Bogen, den perlmuttene Plättchen schmückten.*
>
> *Weiter entfernt drehte sich in zauberischem Dunst eine andere Ansichtspostkarte auf ihrem Ständer und zeigte einen durchsichtigen Turm vor schwarzem Hintergrund. Er verschwand, und in einem strahlend erleuchteten Kaufhaus wandelte zwischen vergoldeten Kleiderpuppen, klaren Spiegeln und gläsernen Verkaufstresen Franz in Cut, gestreiften Hosen und weißen Gamaschen und lenkte mit schwungvoller Handbewegung Kunden zu jenen Abteilungen, deren sie bedurften.*

Franz, ein junger Mann aus der Provinz, reist in die Hauptstadt, um als Verkäufer in das noble Warenhaus seines Onkels am Kurfürstendamm einzutreten. Mit der Stelle erfüllt sich für ihn ein Traum. Alles wäre gut, wenn es nicht das leidenschaftliche Verhältnis gäbe, in das er und Martha, die Frau des Onkels, sich verstricken. Beide beginnen, ein Mordkomplott gegen den Ahnungslosen zu schmieden.

„König Dame Bube", Nabokovs zweiter Roman, lässt bereits jene Kunst psychologisierender Gestaltung erkennen, die später auch seine Meisterwerke auszeichnet. Im Gegensatz zu dem gleichfalls in Berlin verfassten Erstling „Maschenka" ist die Handlung jedoch nicht in den Emigrantenkreisen, sondern im deutschen Milieu angesiedelt. Damit verband sich für den russisch Schreibenden die Hoffnung, leichter einen deutschen Verlag zu finden. Das gelang; der Ullstein Verlag erwarb die deutschen Rechte und zahlte insgesamt 7500 Mark. Geld, das der 29-Jährige bitter nötig hatte, denn als Übersetzer, Privatlehrer und Filmkomparse hielt er sich mehr schlecht als recht über Wasser.

Durch die Oktoberrevolution aus Russland vertrieben, war Vladimir Nabokov mit den Eltern und den jüngeren Geschwistern zunächst nach England und dann nach Deutschland emigriert. In Berlin fiel sein Vater 1922 einem politisch motivierten Attentat zum Opfer. Seither lastete auf dem ältesten Sohn die Verantwortung für die Familie. In Berlin entstanden bis 1937, ehe er mit seiner Frau Vera Slonim, einer Jüdin, nach Paris floh, eine Reihe von Erzählungen, das Theaterstück „Der Mann aus der UdSSR" und sieben Romane. Weltruhm errang er mit dem in den USA verfassten Roman „Lolita".

„Unter den Linden" heißt eine Erzählung, die Christa Wolf 1969 schrieb. Und auch hier ist es, ähnlich wie bei Nabokov, eine geträumte Straße:

Unter den Linden bin ich immer gerne gegangen. Am liebsten, du weißt es, allein. Neulich, nachdem ich sie lange gemieden hatte, ist mir die Straße im Traum erschienen. Nun kann ich endlich davon berichten […]

Daß die Straße berühmt ist, hat mich nie gestört, im Wachen nicht und erst recht nicht im Traum. Ich begreife, daß sie dieses Mißgeschick ihrer Lage verdankt: Ost-West-Achse. Sie und die Straße, die mir im Traum erscheint, haben nichts miteinander zu tun. Die eine wird in meiner Abwesenheit durch Zeitungsbilder und Touristenfotos mißbraucht, die andere hält sich auch über lange Zeiträume unbeschädigt für mich bereit. Ich gebe zu, oberflächlich gesehen kann man die beiden miteinander verwechseln. Ich selbst verfalle in diesen Fehler: Dann überquere ich achtlos meine Straße und erkenne sie nicht [...]

Jedes Kind weiß aus dem Märchen, daß man unbekümmert loszulaufen hat und sich vorbehaltlos und freundlich allen Dingen zuwenden soll. Genauso ging ich, in der trockenen, angenehm scharfen Junihitze, in dem Geruch von Staub und Benzin, in dem Motorenlärm und dem weißen Licht, das von den Steinen zurückschlug. Auf Anhieb stellte sich die helle, heitere Aufmerksamkeit ein, die ich lange so bitter vermißt hatte.

Das Motiv des Traums hat Christa Wolf in mehreren ihrer Bücher aufgegriffen. Es ging einher mit der Wiederentdeckung der Romantik in der DDR und gestattete nicht zuletzt, Dinge auszusprechen, die unter den damaligen gesellschaftlichen Bedingungen nicht hätten gesagt werden können. Hier führt der Traum dazu, die Wahrnehmung der Ich-Erzählerin zu schärfen. Denn deutlicher als ihr dies im Wachen möglich war, wird sie sich ihrer Umwelt und jener Menschen bewusst, denen sie begegnet. Ein Prozess der Selbstvergewisserung und -findung, an dessen Ende sich ein Anfang knüpft.

Christa Wolf studierte Germanistik und war anschließend als wissenschaftliche Mitarbeiterin des DDR-Schriftstellerverbandes, als Cheflektorin und Redakteurin tätig. Ihr literarisches Debüt gab sie 1961 mit der „Moskauer Novelle". Zwei Jahre später kam ihre Erzählung „Der geteilte Himmel" heraus, für die sie den Nationalpreis der DDR erhielt. Dagegen fiel das folgende Buch „Nachdenken über Christa T." zuerst der Zensur zum Opfer fiel, ehe es in verringerter Auflage dann doch erscheinen durfte. International bekannt wurde sie seit den 1970er Jahren mit Romanen und Erzählungen wie „Kindheitsmuster", „Kein Ort. Nirgends" oder „Kassandra".

Wassertorstraße

Luisenstadt (Kreuzberg)
U-Bhf. Moritzplatz (U8)
U-Bhf. Prinzenstraße (U1)

Beim Durchbruch des Luisenstädtischen Kanals durch die Stadtmauer wurde 1848 das Wassertor errichtet, das sowohl dem hier angelegten Platz als auch der Straße den Namen gab. Bei der in der Wassertorstraße wohnenden Arbeiterfamilie Nowak findet in Christopher Isherwoods Roman „Leb wohl, Berlin“ der Ich-Erzähler ein Zimmer als Untermieter, nachdem er von einem Aufenthalt auf Rügen nach Berlin zurückkehrt.

Den Eingang zur Wassertorstraße bildete ein großer steinerner Torbogen, ein Stück Alt-Berlin, mit Hammer und Sichel beschmiert und beklebt mit angerissenen Versteigerungsanzeigen und Steckbriefen. Es war eine düstere, armselige Straße mit Kopfsteinpflaster, auf der es von verheulten Kindern wimmelte. Burschen in Wollsweatern beschrieben auf ihren Rennrädern kunstvoll ausbalancierte Kreise und riefen die Mädchen an, die mit Milchtöpfen vorübergingen. Der Gehsteig war mit Kreidestrichen für das Hopsspiel „Himmel und Erde“ bemalt. Am Ende der Straße stand riesengroß, beängstigend spitz und rot, eine Kirche.

In diesen präzisen Schilderungen wird noch einmal ein Berlin lebendig, das mit dem Machtantritt der Nazis und dem von ihnen entfesselten Krieg für immer verloren ging. In der Wassertorstraße blieb wenig mehr erhalten als die von Franz Heinrich Schwechten 1893–97 erbaute St. Simeon-Kirche, die in Isherwoods Darstellung so beängstigend ins Bild gerückt wird.

Als 25-Jähriger war der Sohn eines britischen Offiziers 1929 in die deutsche Hauptstadt gekommen und schlug sich hier, wie sein Ich-Erzähler, als Sprachlehrer durch. Kreuzberg und Schöneberg gehörten zu den Vierteln, in denen er Unterkunft fand, ehe er 1933 Deutschland wieder verließ. Seine Berlin-Romane machten ihn berühmt. Nach ausgedehnten Reisen, die ihn bis China führten, übersiedelte er 1939 in die

USA, wo er als Drehbuchautor arbeitete und später eine Gastprofessur für moderne englische Literatur übernahm. Die Produktivität früherer Jahre erreichte er hier jedoch nicht mehr. Erst 1964 gelang ihm mit dem Roman „Der Einzelgänger" noch einmal ein Welterfolg.

Weddingplatz

Wedding

U-Bhf. Reinickendorfer Straße (U6)

Die einstige Kolonie Wedding, zu der auch der 1835 benannte gleichnamige Platz gehörte, entwickelte sich im späten 19. Jahrhundert durch die Ansiedlung bedeutender Firmen wie der AEG und Siemens zum Industriestandort und Arbeiterquartier. Insbesondere in den 1920er und frühen 1930er Jahren kam es im „Roten Wedding" immer wieder zu Zusammenstößen von Arbeiterschaft und Polizei. Erich Kästner schildert in seinem 1931 erschienenen Roman „Fabian. Die Geschichte eines Moralisten" eine solche Auseinandersetzung. Der arbeitslos gewordene Titelheld durchstreift ziellos die Stadt. Mit der U-Bahn ist er in den Berliner Norden gefahren und steigt an der Polizeikaserne in der Chausseestraße aus. Das Kasernentor steht offen. Polizeiwagen rasen los. Fabian folgt ihnen.

Am Weddingplatz riegelten sie die Reinickendorfer Straße ab, auf der Arbeitermassen näherzogen. Berittene Polizei wartete hinter der Sperrkette darauf, zur Attacke befohlen zu werden. Uniformierte Proletarier warteten, den Sturmriemen unterm Kinn, auf proletarische Zivilisten. Wer trieb sie gegeneinander? Die Arbeiter waren nahe, ihre Lieder wurden immer lauter, da ging die Polizei schrittweise vor, ein Meter Abstand von Mann zu Mann. Der Gesang wurde von wütendem Gebrüll abgelöst. Man spürte, ohne die Vorgänge sehen zu können, am Lärm und wie er wuchs, daß die Arbeiter und die Polizei dort vorn gleich aufeinanderstoßen würden. Eine Minute später bestätigten Aufschreie die Vermutung. Man war zusammengetroffen, die Polizei schlug zu. Jetzt setzten sich die Pferde schaukelnd in Bewegung und trabten in das Vakuum hinein, die Hufe klapperten übers Pflaster. Vorn ertönte ein Schuß. Scheiben zersprangen. Die Pferde galoppierten. Die Menschen auf dem Weddingplatz wollten nachdrängen. Eine zweite Polizeikette sperrte den Zugang zur Reinickendorfer Straße, rückte langsam vor und säuberte den Platz. Steine flogen. Ein Wachtmeister erhielt einen Messerstich. Die Polizei hob die Gummiknüppel und ging zum Laufschritt über […] Fabian drängte sich durch die lebendige Mauer und ging seiner Wege. Der Lärmt entfernte sich. Drei Straßen weiter schien es schon, als herrsche überall Ruhe und Ordnung.

Ein paar Frauen standen in einem Haustor. „He, Sie!“ sagte die eine, „stimmt das, am Wedding gibt's Keile?“

„Sie nehmen einander Maß“, antwortete er und ging vorbei.

„Ich laß mich fressen, Franz ist wieder mittendrin“, rief die Frau. „Na, komm du nur nach Hause!“

Die Wege in Kästners Roman lassen sich noch immer nachgehen. Freilich, die Polizeikaserne an der Chausseestraße, Ecke Habersaathstraße (früher Kesselstraße), die ursprünglich für das Garde-Füsilier-Regiment, die „Maikäfer“, errichtet worden war, existiert nicht mehr. 1950 entstand an deren Stelle das Walter-Ulbricht-Stadion, das der Berliner Volksmund, abgeleitet vom Spitzbart des Namenspatrons, prompt in „Zicken-Stadion“ umtaufte. Anlässlich der 10. Weltfestspiele 1973 saniert, erhielt die Wettkampfstätte den Namen Stadion der Weltjugend und wurde mit Blick auf die Olympia-Bewerbung der wiedervereinten Stadt in den 1990er Jahren abgerissen. Berlin kam allerdings nicht in die engere Wahl, woraufhin das abgeräumte Areal als Golfplatz für jedermann einige von der großen Politik unbeschwerte Jahre erlebte. Im Herbst 2006 erfolgte der erste symbolische Spatenstich für den Neubau der Zentrale des Bundesnachrichtendienstes (BND).

Weidendammer Brücke

Friedrichstraße

Dorotheen-/Friedrich-Wilhelm-Stadt/Spandauer Vorstadt (Mitte)

S- und U-Bhf. Friedrichstraße (S1, S2, S3, S5, S7, S25, S75 / U6)

Bereits seit 1685 gab es an dieser Stelle der Spree eine hölzerne Brücke, die im frühen 19. Jahrhundert durch eine Gusseisenkonstruktion und 1894–96 durch die heutige Brücke ersetzt wurde. Beim Bau der U-

Detail Weidendammer Brücke, im Hintergrund das Berliner Ensemble

Bahn 1914 demontiert, erfolgte die Wiedererrichtung erst fünf Jahre nach dem Ersten Weltkrieg.

Theodor Fontane verlobte sich am 8. Dezember 1845 auf der Weidendammer Brücke mit Emilie Rouanet-Kummer, wie er in seinen Lebenserinnerungen „Von Zwanzig bis Dreißig“ berichtet. In Erich Kästners Kinderbuch „Pünktchen und Anton“ verkaufen die Titelhelden hier Zündhölzer bzw. Schnürsenkel. Und Wolf Biermann wurde von den Reichsadlern am Brückengeländer zu seinem Lied „Der preußische Ikarus“ inspiriert. Auch die gebürtige Iranerin Sudabeh Mohafez bezog die Brücke in einer Geschichte ihres 2004 erschienenen Erzählungsbandes ein:

Er ist wieder da. In all seiner Pracht, leuchtend, schimmernd, unwiderstehlich. Er ist wieder da und hat mich überrascht, wie immer. Er meldet sich nie an. Er kommt und geht, wie es ihm paßt. Heute hat er mich auf der Weidendammer Brücke eingeholt. Hinter mir rauscht der Feierabendverkehr die Friedrichstraße entlang. Neben mir lehnt mein Fahrrad am schmiedeeisernen Geländer. Zwischen dem Tränenpalast und dem alten Brecht-Theater sehe ich in die untergehende Sonne, die sich glitzernd und blendend in der Spree spiegelt. Dort, auf dem Wasser, steht er, groß, still und unbezwingbar. Der Demawand. Der Berg. Die Krone Teherans. Er steht auf dem Wasser, wächst aus ihm heraus zu seinen fast sechstausend Metern Höhe, breitet sich rechts und links über die Spree, legt sich auf Straßen und Häuser, und sein weißbedecktes Haupt leuchtet strahlender als die Berliner Abendsonne.

Sudabeh Mohafez, als Tochter deutsch-iranischer Eltern in Teheran geboren, übersiedelte als 16-Jährige mit ihrer Familie 1979 nach West-Berlin, wo sie u. a. Erziehungswissenschaften studierte und anschließend in den Bereichen Migration und Gewaltprävention tätig war. Ab 1999 begann sie mit literarischen Veröffentlichungen in Zeitschriften und Anthologien.

Ihre Arbeiten, in denen sie aus der deutschen wie der persischen Kultur schöpft, wurden mehrfach ausgezeichnet, darunter mit dem Adelbert-von-Chamisso-Förderpreis und dem MDR-Literaturpreis. Neben Bühnenwerken hat sie bislang Kurzprosa, Erzählungen und zwei Romane vorgelegt.

Ehemalige Weinstube Das Schwarze Ferkel

Unter den Linden 76, Ecke Wilhelmstraße
Dorotheenstadt (Mitte)
S- und U-Bhf. Brandenburger Tor (S1, S2, S25 / U55)

Im Parterre des ehemaligen Eckhauses an dieser Stelle (vormals Neue Wilhelmstraße 8b) eröffnete der Kaufmann Gustav Türke 1891 eine Weinhandlung und Probierstube, die bald schon zum Treffpunkt der künstlerischen und literarischen Avantgarde wurde. Zur illustren Gästeschar gehörte auch der Chirurg und Schriftsteller Carl Ludwig Schleich, der dem Lokal in seinen 1920 erschienenen Lebenserinnerungen „Besonnte Vergangenheit“ ein Denkmal setzte:

Wie schön waren diese Abende in dem kleinen Stübchen der Weinstube in der Neuen Wilhelmstraße, „Das schwarze Ferkel“, die ihren Namen nach einem gefüllten bessarabischen Weinschlauch trug, der unter sehr oberflächlicher Ähnlichkeit mit einem dunklen Borstentier unter dem Pfosten der Eingangstür pendelte. Hier fanden sich Munch, Ola Hanson, Laura Marholm, Hamsun, Dehmel, Prszybyszewski, Scheerbart, Hartleben, Evers und viele, viele andere ein, auch sein früherer Biograph Adolf Paul. Dort haben wir ein Dichterheim gehabt von großer Eigenart mit klassischem Anstrich. Hier tönten Lieder, hier flammten Gespräche und Autodafés der Literatur, hier langte unser aller Zentralstern, Strindberg, ab und zu zur Gitarre und sang seine einzige Ballade […]

Hier, im „Schwarzen Ferkel", erschien eines anderen Abends der greise Holger Drachmann, eine der schönsten Frauen, die ich je gesehen, am Arm. Kaum hatte sie das überfüllte Stübchen betreten – wir feierten gerade an festlicher Tafel irgendeinen Gedenktag –, als sie, umherblickend im Kreise, einen Champagnerkelch ergriff und ausrief: „Wo ist August Strindberg?" Alles zeigte auf ihn, der im äußersten Winkel hockte. „Strindberg! Komm her, gib mir einen Kuß!" Und breitete die Arme aus. Jetzt geschah etwas Verblüffendes: Der berühmte Frauenhasser stand auf, zog merkwürdigerweise seinen Frack mit gravitätischer Entschlossenheit aus, stampfte quer über den weinbestandenen Tisch, küßte diese Frau so dauernd und nachdrücklich, daß Drachmann die Uhr zog und resigniert-lakonisch meinte: „Zwei Minuten sind es lange!"

Schleich, Sohn eines Stettiner Augenarztes, studierte auf Wunsch des Vaters Medizin, obwohl er lieber eine künstlerische Laufbahn eingeschlagen hätte. In Zürich, wo er mit dem Studium begann, genoss er deshalb erst einmal in vollen Zügen das Studentenleben, machte reichlich Schulden und freundete sich bezeichnenderweise mit einem Dichter an – dem dreißig Jahre älteren Gottfried Keller. Vom Vater nach zwei Jahren zurückbeordert, setzte er die Studien in Greifswald und in Berlin fort. Auch hier wurde er rasch in den Boheme-Kreisen heimisch und schloss Freundschaft mit Richard Dehmel, später mit August Strindberg. Nach dem Studium, zu dessen Abschluss der Vater ihn sanft, aber bestimmt drängen musste, promovierte er und eröffnete eine Privatklinik am Belle-Alliance-Platz. Mit Berlin inzwischen zu fest verbunden, um, wie üblich, zunächst Stationen in der Provinz zu durchlaufen, hatte er eine universitäre Karriere ausgeschlagen. Als

Begründer der Infiltrationsanästhesie, der örtlichen Betäubung, sollte er sich dennoch einen bleibenden Namen in der Wissenschaftswelt machen.

Neben Veröffentlichungen zu medizinischen Themen trat Carl Ludwig Schleich ab Ende der 1890er Jahre zunehmend auch mit belletristischen Arbeiten in Zeitschriften hervor, darunter in Maximilian Hardens kulturpolitischer Wochenschrift „Zukunft". 1912 reüssierte er mit dem Buch „Es läuten die Glocken. Phantasien über den Sinn des Lebens". Zu einem der größten Verkaufserfolge nach dem Ersten Weltkrieg wurde schließlich seine Autobiographie.

Westend

Charlottenburg
S-Bhf. Westend (S41, S42, S46)
U-Bhf. Theodor-Heuss-Platz (U2)
» Einkehrtipp: Caffeehaus Neu Westend am Steubenplatz, Reichsstraße 81

Der noble Londoner Stadtteil Westend stand mit seinem Namen Pate für diese Villenkolonie, die ab 1866 auf der westlich von Charlottenburg gelegenen waldigen Hochfläche des Teltow aus dem Boden gestampft wurde. Den Kern der Siedlung bildeten die Grundstücke um den Branitzer Platz. Nach dem gründerzeitlichen Börsenkrach geriet der Ausbau zwar kurzzeitig ins Stocken, kam aber nach Fertigstellung der Ringbahn und der Eröffnung des Bahnhofs Westend 1877 rasch wieder in Gang, wobei der Vorortcharakter durch den Bau städtischer Mietshäuser größtenteils verloren ging. Dennoch blieb das Quartier eine der bevorzugten Wohngegenden, in der zeitweilig Persönlichkeiten wie die Komponisten Richard Strauss, Arnold Schönberg und Paul Hindemith, die Schauspielerinnen Lilian Harvey und Trude Hesterberg, der Architekt Erich Mendelsohn oder der Dichter Joachim Ringelnatz lebten.

In den späten 1960er Jahren zog die Schriftstellerin Helga M. Novak hierher und erlebte den brachialen Stadtumbau mit, wie er sich in dieser Zeit allenthalben in Westberlin vollzog. Ihre Erfahrungen hielt sie fest in dem Prosatext „Wohnhaft? Im Westend":

Das Westend wird abgerissen. Haus für Haus. Es ist ein sterbendes Viertel. Vernünftige Hausbesitzer lassen, bevor sie verkaufen, innen und außen renovieren. Die Kosten tragen die Mieter. Im Westend entstehen Bürohäuser und Banken.

Ich wohne in Westend. Ein Makler hat mir gegen eine Gebühr von einer Monatsmiete ein Zimmer in einem Altbau vermittelt. Mein Zimmer ist fünf mal vier Meter groß und kostet monatlich hundertfünfzig Mark. Das Haus hat fünf Stockwerke. Es ist leer. Außer mir wohnt nur ein Italiener in dem Haus. Den früheren Mietern ist gekündigt worden. Sie haben zwanzig und fünfundzwanzig Jahre lang in dem Haus gewohnt und sind in kältere Gegenden gezogen. In der Nordweststadt kosten die Wohnungen das doppelte.

Heute ist der Erste. Die Wirtin klopft an meine Tür. Ich gebe ihr hundertfünfzig Mark. Sie sagt, das ist nicht alles. Hinzu kommen zwölf Mark Umlagen, fünfundzwanzig Mark Strom … Ich unterbreche sie und sage, daß muß von meinem Vorgänger sein. Sie sagt, dann hätten Sie den Zähler vorher ablesen müssen. Sie spricht ruhig weiter und sagt, hinzu kommen noch elf Prozent Mehrwertsteuer, die sich auf die Stromrechnung beziehen, und eine Mark achtzig Zählergebühr. Ich bezahle zweiundvierzig Mark mehr. Die Wirtin sagt, bald wird das ganze Haus renoviert, dann bekommt jedes Zimmer eine extra Dusche.

Helga M. Novak, in Berlin-Köpenick geboren, wuchs im Heim und bei Adoptiveltern auf. Sie studierte Journalistik und Philosophie, war danach jedoch als Fabrikarbeiterin, Laborantin und Buchhändlerin tätig. 1961 heiratete sie einen Isländer und verließ zunächst die DDR, ehe sie vier Jahre später wieder zurückkehrte. Es folgte ein Studium am Leipziger Literaturinstitut. Wegen des Vervielfältigens und Verbreitens regimekritischer Schriften wurde ihr 1966 die DDR-Staatsbürgerschaft entzogen. Danach lebte sie in Westberlin, der Bundesrepublik und Jugoslawien. Heute ist sie in Polen ansässig. Die vielfach mit Preisen ausgezeichnete und dennoch eher als Geheimtipp gehandelte Autorin hat Gedichte, Hörspiele und Prosawerke vorgelegt, darunter die Bände „In einem irren Haus“ und „Die Eisheiligen“.

Wilhelmstraße

Friedrichstadt (Kreuzberg/Mitte)
S- und U-Bhf. Brandenburger Tor (S1, S2, S25 / U55)
U-Bhf. Mohrenstraße (U2)
U-Bhf. Hallesches Tor (U1)

Die Husarenstraße, wie sie anfänglich hieß, entstand im Zuge der barocken Stadterweiterung, die Friedrich Wilhelm I. vornehmen ließ. Anlässlich seines Todes 1740 wurde die Magistrale in Wilhelmstraße umbenannt. Reihten sich hier zunächst Adelspaläste, so siedelten sich im 19. Jahrhundert zusehends auch die Exekutivbehörden des preußischen Staates und späteren Deutschen Reiches in der Straße an, darunter das Auswärtige Amt und die Reichskanzlei.

Als erster Reichskanzler fungierte ab 1871 Otto Fürst von Bismarck. Zu seiner Entlassung 1890 führten wachsende Spannungen mit Kaiser Wilhelm II., der als Nachfolger Leo von Caprivi bestimmte. Der alt gediente General Caprivi erwies sich jedoch wider Erwarten als Mann des politischen Ausgleichs und stieß alsbald auf den erbitterten Widerstand der konservativen Kreise. Auch Bismarck wetterte von seinem Alterssitz Friedrichsruh aus und scheute sich nicht, sogar die Person des neuen Kanzlers madig zu machen:

Ich kann nicht leugnen, daß mein Vertrauen in den Charakter meines Nachfolgers einen Stoß erlitten hat, seit ich erfahren habe, daß der die uralten Bäume von der Gartenseite seiner, früher meiner, Wohnung hat abhauen lassen, welche eine erst in Jahrhunderten zu generierende, also unersetzbare Zierde der amtlichen Reichsgrundstücke in der Residenz bildeten. Kaiser Wilhelm I., der in dem Reichskanzlergarten glückliche Jugendtage verlebt hatte, wird im Grabe keine Ruhe haben, wenn er weiß, daß sein früher Gardeoffizier alte Lieblingsbäume, die ihresgleichen in Berlin und in der Umgegend nicht hatten, hat niederhauen lassen, um un poco più di luce zu gewinnen […] Ich würde Herrn von Caprivi manche politische Meinungsverschiedenheit eher nachsehen als die ruchlose Zerstörung alter Bäume, denen gegenüber er das Recht des Nießbrauchs eines Staatsgrundstücks durch Deterioration desselben missbraucht hat.

1894 musste Caprivi, trotz vorheriger Erhebung in den Grafenstand, den Posten aufgeben. Eine fast 20-jährige Amtszeit wie Bismarck war keinem der folgenden Reichskanzler mehr vergönnt. Bis zur Abdankung des Kaisers nahmen auf dem Schleudersitz Chlodwig Fürst zu Hohenlohe-Schillingsfürst, Bernhard Fürst von Bülow und Theodor von Bethmann Hollweg Platz.

In die Ära nach Bismarck und in die Zeit des Ersten Weltkriegs führt Wolfgang Koeppens Buch „Jugend", in dem sich das Autobiographische immer wieder mit dem Weltgeschehen verzahnt und selbstverständlich auch das Zentrum deutscher Macht, die Wilhelmstraße, nicht ausgespart bleibt:

> *Die Bewerbung um die Wohltaten der Anstalt ist an das Direktorium des Bildungs- und Erziehungswesens der Königlich Preußischen Armee in Berlin, Wilhelmstraße 82 bis 85 zu richten, der Herr von Demeritz, der von Lössin, der Herr von Wunkenhagen reiste gern in die Hauptresidenzundlasterstadt, der Erinnerung froh, der Zukunft sicher, ein Wille ein Weg, doch wessen Wille und Weg, Major außer Dienst, Rittmeister außer Dienst, Oberstleutnant zur Disposition gestellt, auf die Güter entlassen, Landfront in alter Pracht und Herrlichkeit, seltsam der Krieg, keine Ulanenpatrouille, der Herr brachte einen selbstgeschossenen Hasen mit, Berlin hungerte, sagte man, und trug geräucherte Gänsebrust und ungehörig und grotesk einen Sack Mehl vom eigenen Feld in einem Weidenkorb versteckt, er traf Standesgenossen, war Mitglied des Herrenhauses, beliebt, bei Hiller im Cabinet particulier noch Hummer und Chablis, aber die Sorge speiste mit, hatte eine feine Zunge, der Oberkommandierende in den Marken senkte das Haupt, erstickte fast, eine fremde kratzende knebelnde Furcht im Hals, etwas ging schief, gestandene Konservative grollten einander, mißtrauten schon sich selbst, gedachten der Blutsverwandten in Petersburg, Trost, in der Wilhelmstraße sahen aus den Fenstern preußischer Klassik Bismarck, der Graf von Caprivi, Chlodwig Fürst zu Hohenlohe-Schillingsfürst, Bernhard Fürst von Bülow, großer Genießer, Bethmann-Hollweg, Asket und Bürodiener in Uniform, Moltke der Ältere grüßte, die Mütze grade in die Stirn gedankenlastig, Neffe Helmuth war schon geschasst, der Ernstfall war da, erwartet, nicht erwartet […]*

Wolfgang Koeppen, in Greifswald geboren, hatte versucht, am Theater in seiner Geburtstadt und in Wismar Fuß zu fassen, ehe er Mitte der 1920er Jahre nach Berlin ging, wo er sich als Journalist und mit Gelegenheitsjobs durchschlug. Kurzzeitig als Dramaturg am Theater in Würzburg engagiert, wirkte er danach bei Erwin Piscator und dessen Dramaturgischem Kollektiv mit. 1931 holte ihn Herbert Ihering als Redakteur an den renommierten Berliner Börsen-Courier. Nach dem Machtantritt der Nazis und dem Verbot der Zeitung lebte er in Holland, kehrte aber Ende der 1930er in die deutsche Hauptstadt zurück.

Obwohl er schon 1934 mit dem Roman „Eine unglückliche Liebe“ hervorgetreten war, wurde er als Romancier erst nach dem Zweiten Weltkrieg durch seine Trilogie „Tauben im Gras“, „Das Treibhaus“ und „Der Tod in Rom“ berühmt. Geschult an Erzähltraditionen von Alfred Döblin und James Joyce, machte er in seinen Büchern früh auf restaurative Bestrebungen in der Bundesrepublik aufmerksam. Nach jahrelanger Schreibblockade, in der er lediglich Kurzprosa und Reiseberichte veröffentlichte, gelang ihm 1976 mit seinem Buch „Jugend“ noch einmal ein großer literarischer Wurf.

Ehemalige Wülcknitzsche Familienhäuser

Gartenstraße, Ecke Torstraße
Rosenthaler Vorstadt (Mitte)
S-Bhf. Nordbahnhof (S1, S2, S25)
» Einkehrtipp: Restaurant Alpenstueck, Gartenstraße 9

Die 1770 angelegte Gartenstraße, in der Friedrich II. ausländische Gärtnerfamilien ansiedelte, entstand als Erweiterung des Neu-Voigtlandes, der späteren Rosenthaler Vorstadt. 1822–28 ließ der Kammerherr Heinrich Otto von Wülcknitz an der Westseite der Straße mehrere „Familienhäuser“ errichten, in denen er jeweils ein Zimmer an Familien vermietete, die finanziell nicht oder nicht mehr in der Lage waren, eine Wohnung zu unterhalten. Die skandalösen Zustände wurden zum Sinnbild preußischer Sozialpolitik und riefen im Vormärz die Opposition auf den Plan. Karl Gutzkow berichtete im September 1842 in einer Korrespondenz für die Rheinische Zeitung über die Häuser, und Bettina von Arnim fügte ihrer ein Jahr später veröffentlichten Schrift

„Dies Buch gehört dem König!" Protokolle von Besuchen bei, die der Schweizer Student Heinrich Grunholzer den Bewohnern abgestattet hatte:

Vor dem Hamburger Tor, im sogenannten Vogtland, hat sich eine förmliche Armenkolonie gebildet. Man lauert sonst jeder unschuldigen Verbindung auf. Das aber scheint gleichgültig zu sein, daß die Ärmsten in eine große Gesellschaft zusammengedrängt werden, sich immer mehr abgrenzen gegen die übrige Bevölkerung und zu einem furchtbaren Gegengewichte anwachsen. Am leichtesten übersieht man einen Teil der Armengesellschaft in den sogenannten „Familienhäusern". Sie sind in viele kleine Stuben abgeteilt, von welchen jede einer Familie zum Erwerb, zum Schlafen und Küche dient. In vierhundert Gemächern wohnen zweitausendfünfhundert Menschen. Ich besuchte daselbst viele Familien und verschaffte mir Einsicht in ihre Lebensumstände. In der Kellerstube Nr. 3 traf ich einen Holzhacker mit einem kranken Bein. Als ich eintrat, nahm die Frau schnell die Erdäpfelhäute vom Tische, und eine sechzehnjährige Tochter zog sich verlegen in einen Winkel des Zimmers zurück, da mir ihr Vater zu erzählen anfing. Dieser wurde arbeitsunfähig beim Bau der neuen Bauschule. Sein Gesuch um Unterstützung blieb lange unberücksichtigt. Erst als er ökonomisch völlig ruiniert war, wurden ihm monatlich fünfzehn Silbergroschen zuteil. Er mußte sich ins Familienhaus zurückziehen, weil er die Miete für eine Wohnung in der Stadt nicht mehr bestreiten konnte. Jetzt erhält er von der Armendirektion zwei Taler monatlich. In Zeiten, wo es die unheilbare Krankheit des Beines gestattet, verdient er einen Taler monatlich; die Frau verdient das Doppelte, die Tochter erübrigt anderthalben Taler. Die Gesamteinnahme beträgt also sechseinhalb Taler im Monat. Dagegen kostet die Wohnung zwei Taler; eine „Mahlzeit Kartoffeln" einen Silbergroschen neun Pfennig; auf zwei tägliche Mahlzeiten berechnet, beträgt die Ausgabe für das Hauptnahrungsmittel dreieinhalb Taler im Monat. Es bleibt also noch ein Taler übrig zum Ankaufe des Holzes und alles dessen, was eine Familie neben rohen Kartoffeln zum Unterhalte bedarf.

Bettina von Arnim hatte 1835 mit dem Band „Goethes Briefwechsel mit einem Kinde" als Schriftstellerin debütiert und sich seither von der schwärmerischen Romantikerin zur kritischen Beobachterin des Zeitgeschehens entwickelt. Ihr Armenbuch widmete sie listigerweise Friedrich Wilhelm IV. Der auf diese Weise von ihr in die Pflicht genommene Monarch sah für sozialpolitische Kursänderungen zwar keinen Anlass, verzichtete aber darauf, die Schrift seiner langjährigen Brieffreundin auf den Index setzen zu lassen. Nur Besprechungen durften nicht erscheinen, was der Verbreitung des Werks, das als eine der ersten Sozialreportagen in Deutschland gilt, allerdings kaum Abbruch tat.

Heinrich Grunholzer kehrte nach dem Berliner Studienaufenthalt in die Schweiz zurück, wo er zu einem der bedeutendsten Pädagogen und Schulreformer seiner Zeit avancierte. In den 1860er Jahren in den Nationalrat gewählt, machte er sich darüber hinaus auch als Publizist und Lyriker einen Namen.

Zitadelle Spandau

Am Juliusturm
Haselhorst (Spandau)
U-Bhf. Zitadelle (U7)
» Einkehrtipp: Zitadellen Schänke, ebd.

Aus einer mittelalterlichen Burg hervorgegangen, von der noch der Juliusturm zeugt, entstand 1559–94 die Zitadelle, die heute zu den am besten erhaltenen Festungsanlagen Europas aus der Zeit der Renaissance gehört. Die Pläne stammten von dem venezianischen Baumeister Francesco Chiaramella de Gandino. Die Fertigstellung des Baus oblag dem Architekten Rochus Graf zu Lynar. Neben dem militärischen Zweck erfüllte das Bollwerk im Laufe der Zeit immer wieder auch die Aufgabe als Staatsgefängnis. Im frühen 19. Jahrhundert saßen hier der „Turnvater" Friedrich Ludwig Jahn sowie der Dichter und Kritikerpapst Ludwig Rellstab ein.

Wegen seiner Teilnahme am badisch-pfälzischen Aufstand wurde der Gelehrte, Publizist und Abgeordnete der Preußischen Nationalversammlung Gottfried Kinkel festgenommen und im August 1849 von einem preußischen Kriegsgericht zu lebenslanger Festungshaft verurteilt. Über Gefängnisstationen im Badischen Bruchsal und dem Pommerschen Naugard brachte man ihn schließlich auf die Zitadelle

Zitadelle Spandau

Spandau. Kinkels enger Mitstreiter Carl Schurz, selbst steckbrieflich gesucht, setzte alles daran, den Freund zu befreien. Mit falschen Papieren reiste er nach Berlin, um den Plan in die Tat umzusetzen. Umsichtig knüpfte er die für eine Flucht nötigen Kontakte, bestach Spandauer Gefängniswärter und verschaffte sich ein genaues Bild von den Gegebenheiten vor Ort, wie sein Tatsachenbericht „Gottfried Kinkels Befreiung" belegt:

Das Zuchthaus lag in der Mitte der Stadt –, ein großes kasernenartiges Gebäude, dessen kahle Wände von einem Tor und einer Menge enger Fensterluken durchbrochen waren –, auf allen vier Seiten von Straßen umgeben. Nach der Hauptstraße zu befand sich das Tor, durch das man zunächst in einen großen Torweg trat. Innerhalb des Torweges gab es auf der rechten Seite eine Tür, die in die Amtswohnung des Gefängnisdirektors, und auf der linken eine andere, die in die Soldatenwachstube führte. Am Ende des Torweges öffnete sich eine dritte Tür auf einen inneren Hof. Eine steinerne Treppe, die in den Torweg mündete, verband das Erdgeschoß mit den oberen Stockwerken. Auf dem zweiten Stockwerke über dem Erdgeschoß lag Kinkels Zelle. Sie hatte ein Fenster nach der Rückseite des Gebäudes. Dieses Fenster war durch einen Blechkasten verwahrt, der, an der unteren Seite fest an die Mauer geschlossen, sich nach oben schief öffnete, so daß das Tageslicht von oben einfiel und von der Zelle aus nur ein kleines, quadratisch abgegrenztes Stückchen Firmament, von der irdischen Umgebung aber gar nichts sichtbar war. Außerdem hatte das Fenster starke Eisenstäbe, ein enges Drahtgitter und einen hölzernen Laden, der nachts verschlossen wurde –, kurz, all die Vorkehrungen, die gewöhnlich angewandt werden, um einen Gefangenen von aller Verbindung mit der Außenwelt abzuschließen. Außerdem war die Zelle durch ein starkes, vom Fußboden bis zur Decke reichendes Lattengitter mit ebenso starken Querriegeln in zwei Abteilungen geschieden. In der einen stand Kinkels Bett; in der anderen hatte er während des Tages seine Arbeit zu verrichten. Die beiden Abteilungen waren durch eine Tür im Lattengitter verbunden, die abends verschlossen wurde. Der Eingang der Zelle von dem Treppenflur aus war mit zwei schweren, mit mehreren Schlössern versehenen Türen verwahrt. Auf der Straße, nach welcher Kinkels Zelle hinaussah, stand Tag und Nacht eine Schildwache.

Nach einigen Komplikationen gelang die Befreiungsaktion endlich in der Nacht des 6. zum 7. November 1850. Die beiden Freunde flohen gemeinsam nach England. Schurz ging ein Jahr später in die USA, wo er zu einem engen Vertrauten Abraham Lincolns wurde und sich in dessen Präsidentschaftswahlkampf engagierte. Nach Lincolns Sieg rückte er zum Gesandten in Spanien auf, wurde im Bürgerkrieg General und anschließend zum Senator von Missouri gewählt.

Gottfried Kinkel, in erster Ehe verheiratet mit der Komponistin und Pianistin Johanna Kinkel, die ihm ins Exil folgte, war zunächst in London als College- und Universitätsprofessor tätig, ehe er 1866 in Zürich den Lehrstuhl für Kunstgeschichte übernahm. Im Gegensatz zu anderen Achtundvierzigern, die unter König Wilhelm I. begnadigt wurden und anschließend sowohl politische als auch wissenschaftliche Karrieren machten, scheint man in Deutschland keinen Wert mehr auf seine Anwesenheit gelegt zu haben.

Zoologischer Garten

Charlottenburg

S- und U-Bhf. Zoologischer Garten (S3, S5, S7, S75 / U2, U9)

In den Bombennächten des Zweiten Weltkrieges wurde der 1841 eröffnete Zoologische Garten schwer in Mitleidenschaft gezogen und der Bestand von knapp 4000 Tieren auf etwa 90 dezimiert. Der mühsame Wiederaufbau begann unter Katharina Heinroth, die von 1945 bis 1956 die Direktion innehatte und das Wort prägte: „Tu was, dann wird dir besser." Heute zählt die ca. 35 ha große Anlage wieder zu den artenreichsten der Welt und zieht, wie vordem, Scharen von Besuchern an.

Einer, dem es der Zoologische Garten von Jugend auf angetan hatte, war Franz Hessel. In seinem 1929 erschienenen Buch „Spazieren in Berlin" widmet er ihm ein eigenes Kapitel, nicht, ohne zuerst auf die zu sprechen zu kommen, die zwar nur die Nebenrolle spielen, aber ebenso der Studien lohnen – die Besucher.

> *[...] man hat kaum das Portal mit den torhütend lagernden Steinelefanten durchschritten und ist in einer anderen Welt. Um zunächst noch gar nicht von den Tieren zu reden, die doch schließlich hier die Hauptpersonen sind, hier gibt es einen ganz von Mummeln und Schilf bewachsenen Teich, den sogenannten Vierwaldstättersee, an dessen Ufern man wie in einer Sommerfrische sich bewegt, und an gewissen Frühlingsmorgen verwandeln sich die Alleen in Kurpromenaden der Brunnentrinker, die mit ihrem Glas Karlsbader in der Hand ihren heilsamen Rundgang machen. Auch ein herrliches Kinderreich ist der Zoo. Babys werden spazieren gefahren. Jungen toben auf den Spielplätzen. Und auf der sogenannten Lästerallee bei der Musik kann die reifere Jugend die Grundlagen des Flirts erlernen; wenigstens war das zu unserer Jugendzeit so.*

Als Sohn eines Bankiers in Stettin geboren, wuchs Franz Hessel nach dem Tod des Vaters in Berlin, im Alten Westen, auf. Durch den familiären Hintergrund finanziell abgesichert, ging er schon früh seinen literarischen Neigungen nach. Das Jura-Studium brach er ebenso ab wie das Studium der Orientalistik. Mehrere Jahre lebte er in den Boheme-

Kreisen von München und Paris. 1913 legte er den Roman „Kramladen des Glücks“ vor. Doch obwohl er in den 1920er Jahren weitere Romane wie „Pariser Romanze“ oder „Heimliches Berlin“ schrieb, wurde er vor allem als Feuilletonist bekannt. Seit 1924 als Lektor im Ernst Rowohlt Verlag tätig, übersetzte er außerdem zahlreiche Werke aus dem Französischen, so gemeinsam mit seinem Freund Walter Benjamin den Band „Im Schatten junger Mädchen“ von Marcel Proust.

Als Jude erhielt Hessel unter dem NS-Regime Schreibverbot, weigerte sich jedoch zunächst Deutschland zu verlassen. Erst 1938 ging er nach Paris. Beim Einmarsch der Wehrmacht in Frankreich, wurde der inzwischen 60-Jährige unter dem Vichy-Regime interniert und erlitt während der Haft einen Schlaganfall, an dessen Folgen er kurz nach der Entlassung starb.

Autoren- und Quellenverzeichnis

ALFRED ANDERSCH (1914 München – 1980 Berzona, Tessin)
– *Ich verlasse den Park, gehe die Bismarckstraße weiter.* S. 23
In: Efraim, Zürich 1967. S. 40 f.

VICTOR AUBURTIN (1870 Berlin – 1928 Garmisch-Partenkirchen)
– *Alle sechs Monate begebe ich mich zu der Metallverwertungsstelle.* S. 55 f.
Aus: Ein versäumtes Geschenk.
In: Bescheiden steht am Straßenrand ... Feuilletons und Geschichten. Ausgewählt und herausgegeben von Heinz Knobloch. Illustrationen von Peter Laube, 2. Aufl., Berlin 1982. S. 114 f.

FRANZ JOACHIM BEHNISCH (1920 Berlin – 1983 Erlangen)
– *Zwischen Passanten mit Pelerinen und Muffen.* S. 16
In: Eislauf. Neunzehn Kapitel aus dem versunkenen Vineta. Aus dem Nachlaß herausgegeben von Ehrentraudt Dimpfl, Berlin 1994. S. 52 f.

ANDREJ BELY [d. i. Boris Nikolajewitsch Bugajew] (1880 Moskau – 1934 ebd.)
– *Wer aus Russland kommt.* S. 141
In: Thomas Urban: Russische Schriftsteller im Berlin der zwanziger Jahre, Berlin 2003. S. 84 f.

WALTER BENJAMIN (1892 Berlin – 1940 Port Bou, Katalonien)
– *Vor allem denke man nicht, daß es Markt-Halle hieß.* S. 101 f.
Aus: Berliner Kindheit um Neunzehnhundert.
In: Beroliniana. Mit 36 historischen Fotos von Günther Beyer. Herausgegeben und mit einer Nachbemerkung von Sebastian Kleinschmidt, Berlin 1987. S. 27 f.

OTTO FÜRST VON BISMARCK (1815 Schönhausen – 1898 Friedrichsruh)
– *Ich kann nicht leugnen.* S. 156
In: Gedanken und Erinnerungen. Mit einem Essay von Lothar Gall, Berlin 1999. S. 626

NICOLAS BORN [d. i. Klaus Jürgen Born] (1937 Duisburg – 1979 Breese in der Marsch b. Dannenberg)
– *Ich war am Mittag schon an der Oper vorbeigegangen.* S. 38
In: Die erdabgewandte Seite der Geschichte, Berlin 1981. S. 52

LUDWIG BÖRNE [d. i. Juda Löb Baruch] (1786 Frankfurt a. M. –1837 Paris)
– *Ich komme aus einem Konzert.* S. 85
Aus: Brief an Jeanette Wohl, Berlin, Donnerstag, d. 13. März 1828.
In: Berliner Briefe. Herausgegeben von Will Jasper, Berlin 2000. S. 72

ALBERT EMIL BRACHVOGEL (1824 Breslau – 1878 Berlin)
– *Ein lauer Frühlingswind wehte durch die Akazien und Lindenbäume des Dönhoffplatzes.* S. 39 f.
In: Friedemann Bach, Berlin o. J. S. 471

Thomas Brussig (1956 Berlin)
– *In Berlin gibt es nur ein Laufhaus.* S. 66 f.
Aus: Gleich mal in der Falle.
In: Berliner Orgie, München–Zürich 2008. S. 13 f.

Günter de Bruyn (1926 Berlin)
– *Da, wo einmal die Stallschreiberstraße gewesen ist.* S. 138 f.
Aus: Stallschreiberstraße 45
In: Frauendienst. Erzählungen und Aufsätze, 2. Aufl., Halle-Leipzig 1988, S. 71 f.

Elias Canetti (1905 Rustschuk, Bulgarien – 1994 Zürich)
– *Wieland Herzfelde hatte eine Dachwohnung.* S. 89
In: Die Fackel im Ohr. Lebensgeschichte 1921–1931, Berlin 1981. S. 301 f.

Inge Deutschkron (1922 Finsterwalde)
– *An meinem Tagewerk änderte sich zunächst gar nichts.* S. 80 f.
In: Ich trug den gelben Stern, 10. Aufl., München 1993. S. 109

Alfred Döblin (1878 Stettin – 1957 Emmendingen b. Freiburg)
– *Die Alexanderquelle ist dickvoll.* S. 7 f.
In: Berlin Alexanderplatz. Die Geschichte vom Franz Biberkopf. 15. bis 40. Tausend, Frankfurt a. M. 1980. S. 446

Ingeborg Drewitz, geb. Neubert (1923 Berlin – 1986 ebd.)
– *Als Dr. Markus Herz auch nach seiner Hochzeit.* S. 110 f.
In: Berliner Salons. Gesellschaft und Literatur zwischen Aufklärung und Industriezeitalter, 3. Aufl., Berlin 1984. S. 12

Hans Fallada [d. i. Rudolf Ditzen] (1893 Greifswald – 1947 Berlin)
– *Sie gehen die Spenerstraße hinauf.* S. 11 f.
Aus: Kleiner Mann – was nun?
In: Ausgewählte Werke in Einzelausgaben, Bd. II. Herausgegeben von Günter Caspar, 4. Aufl., Berlin und Weimar 1970. S. 183 f.
– *In einem nördlichen Vorort Berlins.* S. 126 f.
Aus: Der Alpdruck.
In: Ebd., Bd. IIV., Berlin und Weimar 1987. S. 497
– *Schon war die Siegessäule glücklich umrundet.* S. 132 f.
Aus: Der eiserne Gustav.
In: Ebd., Bd. VI., 8. Aufl., Berlin und Weimar 1984. S. 48 f.

Joachim Fest (1926 Berlin – 2006 Kronberg i. Taunus)
– *Das Haus in der Hentigstraße.* S. 63 f.
In: Ich nicht. Erinnerungen an eine Kindheit und Jugend, 2. Aufl., Reinbek bei Hamburg 2006. S. 39

Otto Flake (1880 Metz – 1963 Baden-Baden)
– *Fischer unterzog die neuen Mitarbeiter einer Prüfung.* S. 47
In: Es wird Abend. Bericht aus einem langen Leben. Mit einem Nachwort von Peter de Mendelssohn, Frankfurt a. M. 1980. S. 183 f.
– *Daß die Reichskulturkammer keinen Vertreter schickte.* S. 48
In: Ebd. S. 438

Theodor Fontane (1819 Neuruppin – 1898 Berlin)
– *Effi brachte selber den Brief zur Post.* S. 78
Aus: Effi Briest.
In: Romane und Erzählungen in acht Bänden. Herausgegeben von Peter Goldammer,

Gotthard Erler, Anita Golz und Jürgen Jahn, Band 7, 4. Aufl., Berlin und Weimar 1993. S. 203 f.
– *Jeder Tag verlief programmmäßig.* S. 108
Aus: Effi Briest.
In: Ebd. S. 23
– *Das waren so die ersten Verhandlungen.* S. 91
Aus: Irrungen, Wirrungen.
In: Ebd., Band 5, 4. Aufl., Berlin und Weimar 1993. S. 111
– *Schweißtriefend kam ich von dem stillen Kirchplatz in die Neue Königstraße zurück.* S. 83 f.
In: Von Zwanzig bis Dreissig.
Aus: Autobiographische Schriften. Meine Kinderjahre. Von Zwanzig bis Dreissig. Kriegsgefangen. Mit einem Nachwort von Martin Meyer, Zürich 1987. S. 615

Julia Franck (1970 Berlin)
– *Die Einfahrt in die Stadt.* S. 14 f.
In: Die Mittagsfrau, 5. Aufl., Frankfurt a. M. 2009. S. 167 f.

Erwin Geschonneck (1906 Bartenstein, Ostpreußen – 2008 Berlin)
– *Das Stettiner Karree.* S. 5 f.
In: Meine unruhigen Jahre. Herausgegeben und mit einem Nachwort versehen von Günter Agde, 2. Aufl., Berlin 1984. S. 19

Günter Grass (1927 Danzig)
– *Da wohnten wir noch in dem Haus in der Karlsbader.* S. 77
In: Die Box. Dunkelkammergeschichten, München 2010. S. 31 f.

Franz Grillparzer (1791 Wien – 1872 ebd.)
– *Das Königstädtische Theater.* S. 82
Aus: Tagebuch auf der Reise nach Deutschland (1826)
In: Grillparzers sämtliche Werke. Vollständige Ausgabe in 16 Bänden. Herausgegeben und mit Einleitungen und erläuternden Anmerkungen versehen von Moritz Necker. Sechzehnter Band, Leipzig o. J. S. 186

Heinrich Grunholzer (1819 Trogen, Kanton Appenzell Ausserrhoden – 1873 Uster, Kanton Zürich)
– *Vor dem Hamburger Tor.* S. 159
In: Bettina von Arnim: Dies Buch gehört dem König! Erfahrungen eines jungen Schweizers im Vogtlande.
Aus: Bettine. Eine Auswahl aus den Schriften und Briefen der Bettina von Arnim-Brentano. Auswahl und Einführung: Dr. Gisela Kähler, Berlin 1952. S. 510 f.

Uli Hannemann (1965 Braunschweig)
– *Seit kurzem wohne ich direkt am Hermannplatz.* S. 65
Aus: Die neue Wohnung
In: Neulich in Neukölln. Notizen von der Talsohle des Lebens, 7. Aufl., Berlin 2009. S. 37

Jakob Hein (1971 Leipzig)
– *Einst stand ich auf dem Bahnhof Zoo.* S. 17
In: Gebrauchsanweisung für Berlin, 2. Aufl., München 2010. S. 67 f.

Heinrich Heine (1797 Düsseldorf – 1856 Paris)
– *Wir können durch das Schloß gehen, und sind augenblicklich im Lustgarten.* S. 100
Aus: Briefe aus Berlin. Erster Brief. Berlin, den 26. Januar 1822.

In: Heinrich Heines sämtliche Werke in sechs Bänden. Herausgegeben von Wilhelm Bölsche, Dritter Band, Berlin o. J. S. 141

Georg Hermann [d. i. Georg Borchardt] (1871 Berlin – 1943 Auschwitz)
– *Nun jagte die Bahn durch die hohen Rüstergänge auf die rote Kirche zu.* S. 51 f.
In: Der kleine Gast. Erstes bis zehntes Tausend, Stuttgart, Berlin und Leipzig 1925. S. 122

Franz Hessel (1880 Stettin – 1941 Sanary-sur-Mer)
– *[…] man hat kaum das Portal mit den torhütend lagernden Steinelefanten durchschritten.* S. 163
Aus: Die Paläste der Tiere.
In: Ein Flaneur in Berlin. Mit Fotografien von Friedrich Seidenstücker, Walter Benjamins Skizze „Die Wiederkehr des Flaneurs" und einem „Waschzettel" von Heinz Knobloch, Berlin 1984. S. 137 f.

Stefan Heym [d. i. Hellmuth Flieg] (1913 Chemnitz – 2001 Ein Bokek, Israel)
– *Vor dem Haupteingang war es schwarz von Menschen.* S. 27 f.
In: 5 Tage im Juni, München 2005. S. 206 f.

Rolf Hochhuth (1931 Eschwege)
– *Ohne Auflehnung ließ Anne.* S. 57 f.
Aus: Die Berliner Antigone.
In: Atlantik-Novelle. Erzählungen, Reinbek b. Hamburg 1985. S. 213 f.

E(rnst) T(heodor) A(madeus) [Ernst Theodor Wilhelm] Hoffmann (1776 Königsberg – 1822 Berlin)
– *A. kam von einem langweiligen Mittagsmahl.* S. 31 f.
Aus: Angenehme Befriedigung eines Lebensbedürfnisses.
In: Gesammelte Werke in Einzelausgaben, Bd. 8. Textrevision und Anmerkungen von Hans-Joachim Kruse. Redaktion Viktor Liebrenz, Berlin und Weimar 1994. S. 655
– *Frägt jemand, wo diese Anstalt ist.* S. 32
In: Ebd. S. 657

Barbara Honigmann (1949 Berlin)
– *Ein riesiger Friedhof.* S. 73 f.
In: Damals, dann und danach, 2. Aufl., München 2005. S. 27 f.

Christopher William Bradshaw Isherwood (1904 High Lane, Grafschaft Cheshire – 1986 Santa Monica, Kalifornien)
– *Sie wohnte weit oben am Kurfürstendamm.* S. 90
In: Leb wohl, Berlin. Aus dem Englischen von Susanne Rademacher, Berlin 2004. S. 39
– *Den Eingang zur Wassertorstraße bildete ein großer steinerner Torbogen.* S. 148
In: Ebd. S. 126

Reinhard Jirgl (1953 Berlin)
– *Immer länger in die Tagesstunden dehnten sich meine Spaziergänge.* S. 86
In: Abtrünnig. Roman aus der nervösen Zeit, 2. Aufl., München 2010. S. 435

Uwe Johnson (1934 Kammin, Pommern – 1984 Sheerness-on-Sea, Kent)
– *Gestern ist Helene Weigel begraben worden.* S. 43 f.
Aus: Brief an Max Frisch, Friedenau in Berlin, 13. Mai 1971.
In: Max Frisch/Uwe Johnson. Der Briefwechsel 1964–1983. Herausgegeben von Eberhard Fahlke, Dritte Aufl., Frankfurt a. M. 1999. S. 28 f.

– *Bis in den Abend wartete er auf dem südlichen Flughafen.* S. 49
In: Zwei Ansichten, Frankfurt a. M. 1992. S. 20 f.

Anna Luisa Karsch(in), geb. Dürbach (1722 Meierhof „Auf dem Hammer", Kreis Schwiebus, Schlesien – 1791 Berlin)
– *Mein Häuschen kommt nicht in die Hospitalstraße.* S. 114
Aus: Brief. Den 10. Januar 1787
In: Herzgedanken. Das Leben der „deutschen Sappho" von ihr selbst erzählt. Herausgegeben und eingeleitet von Barbara Beuys, Frankfurt a. M. 1981. S. 194
– *Er verschönert gegenwärtig die Lindenstraße.* S. 143
Aus: Brief, April 1770.
In: Ebd. S. 158

Marie Luise Kaschnitz, geb. Freifrau von Holzing-Berstett, verh. von Kaschnitz-Weinberg (1901 Karlsruhe – 1974 Rom)
– *Wie ich einmal mit dem englischen Fräulein.* S. 128 f.
In: Orte, Frankfurt a. M. 1992. S. 216

Erich Kästner (1899 Dresden – 1974 München)
– *Am Weddingplatz riegelten sie die Reinickendorfer Straße ab.* S. 149 f.
In: Fabian. Die Geschichte eines Moralisten. Mit einem Nachwort von Gerhard Seidel, Berlin und Weimar 1976. S. 147 f.

Gottfried Keller (1819 Glattfelden b. Zürich – 1890 Zürich)
– *Ich wohne sehr angenehm in einem Eckhause der Mohrenstraße.* S. 103
Aus: Brief an Hermann Hettner. Berlin, 29. Mai 1850.
In: Kellers Briefe in einem Band. Ausgewählt und erläutert von Peter Goldammer, 3. Aufl., Berlin und Weimar 1992. S. 54

Martin Kessel (1901 Plauen – 1990 Berlin)
– *Man biegt um die Ecke und ist in einer anderen Welt!* S. 36
In: Herrn Brechers Fiasko. Mit einem Nachwort des Autors, Frankfurt a. M. 1978. S. 181 f.

Irmgard Keun (1905 Berlin – 1982 Köln)
– *Heute gehen wir ins „Resi".* S. 124 f.
In: Das kunstseidene Mädchen. Mit zwei Beiträgen von Annette Keck und Anna Barbara Hagin, Berlin 2009. S. 89 f.

Egon Erwin Kisch (1885 Prag – 1948 ebd.)
– *Hier pflegten alle zu sitzen.* S. 29 f.
Aus: Die gerächte Boheme.
In: Razzia auf der Spree. Berliner Reportagen. Ausgewählt von Fritz Hofmann, Berlin und Weimar 1986. S. 41 f.
– *Über die Brüstung der Liechtensteinbrücke.* S. 94 f.
Aus: Rettungsgürtel an einer kleinen Brücke.
In: Ebd. S. 73
– *Von dem Rettungsgürtel auf Wurfweite entfernt.* S. 95
Aus: Rettungsgürtel an einer kleinen Brücke.
In: Ebd. S. 74

Victor Klemperer (1881 Landsberg/Warthe – 1960 Dresden)
– *Vorderhand füllte mich der neue Beruf vollkommen aus.* S. 9 f.
In: Curriculum vitae. Erinnerungen 1881–1918. Herausgegeben von Walter Nowojski, Band 1, Berlin 1996. S. 146 ff.

Jochen Klepper (1903 Beuthen a. d. Oder – 1942 Berlin)
– *Während der lärmenden und schmutzigen Bauarbeiten.* S. 130 f.
In: Der Vater. Roman eines Königs, 10. Aufl., München 2001. S. 88 f.
Heinz Knobloch (1926 Dresden – 2003 Berlin)
– *Plötzlich bekam ich Lust, auf diese Friedhöfe zu gehen.* S. 53 f.
Aus: Vor dem Halleschen Tor.
In: Berliner Grabsteine, Berlin 1987. S. 54 f.
Wolfgang Koeppen (1906 Greifswald – 1996 München)
– *Die Bewerbung um die Wohltaten der Anstalt.* S. 157
In: Jugend, 41. bis 43. Tausend, Frankfurt a. M. 1979. S. 43 f.
Klaus Kordon (1943 Berlin)
– *Da war zuallererst die kleine Wohnung im ersten Stock der Raumerstraße 24.* S. 122 f.
In: Krokodil im Nacken, 5. Aufl., München 2008. S. 105
Fritz Kortner [d. i. Fritz Nathan Kohn] (1892 Wien – 1970 München)
– *Bei der Gepäckaufbewahrung mußte ich warten.* S. 13 f.
In: Aller Tage Abend, München 1969. S. 88
Günter Kunert (1929 Berlin)
– *Selbstverständlich rede ich auch von der Linienstraße.* S. 96 f.
Aus: Berliner Gemäuer.
In: Ortsangaben, 2. Aufl., Berlin 1974. S. 103 f.
Else Lasker-Schüler (1869 Elberfeld, Wuppertal – 1945 Jerusalem)
– *Wenn es durch die Korridore des Hotels „Der Sachsenhof" leise schellt.* S. 69
Aus: Die Lamas.
In: Konzert. Prosa, München 1986. S. 55 f.
Heinrich Mann (1871 Lübeck – 1950 Santa Monica, Kalifornien)
– *Kommen wir nun in das Haus.* S. 116
Aus: Die Kriminalpolizei. Vortrag, gehalten vor dem Verband Preußischer Polizeibeamten.
In: Das öffentliche Leben. Essays, Frankfurt a. M. 2001. S. 188 f.
Klaus Mann (1906 München – 1949 Cannes)
– *Der Sommer ist da.* S. 142
In: Mephisto. Roman einer Karriere, Berlin und Weimar 1983. S. 165 f.
Monika Maron (1941 Berlin)
– *Unser Museum besaß außer dem Brachiosaurus.* S. 107
In: Animal triste, 8. Aufl., Frankfurt a. M. 2009. S. 32 f.
Krikor A. Melikyan (1924 Köln)
– *Courbièrestraße, zwischen Nollendorf- und Wittenbergplatz.* S. 35
Aus: Käptn Bilbo und andere Piraten.
In: Damals, und ein Koffer und andere Erzählungen. Mit Zeichnungen von Ingrid A. Schmidt, Berlin 2005. S. 75
Sudabeh Mohafez (1963 Teheran)
– *Er ist wieder da.* S. 151 f.
Aus: Sediment.
In: Wüstenhimmel Sternenland. Erzählungen, Zürich-Hamburg 2004. S. 9
Mori Ogai [d. i. Mori Rintaro] (1862 Tokio – 1922 ebd.)
– *Es geschah eines Abends.* S. 79
Aus: Die Tänzerin.

In: Die Tänzerin. Zwei Erzählungen. Aus dem Japanischen von Wolfgang Schamoni, Frankfurt a. M. 1994. S. 16

Vladimir Vladimirowitsch Nabokov (1899 St. Petersburg – 1977 Lausanne)

– *Berlin!* S. 145

In: König Dame Bube. Deutsch von Hanswilhelm Haefs, 14.–21. Tausend, Reinbek b. Hamburg 1999. S. 23

Cees Nooteboom [d. i. Cornelis Johannes Jacobus Maria Nooteboom] (1933 Den Haag)

– *Sie fuhren die Avus entlang.* S. 98

In: Allerseelen. Aus dem Niederländischen von Helga van Beuningen, Frankfurt a. M. 2000. S. 233

– *Vor dem Stasi-Gebäude in der Normannenstraße.* S. 140

In: Berliner Notizen. Mit Fotos von Simone Sassen. Aus dem Niederländischen von Rosemarie Still, Frankfurt a. M. 1991. S. 246

Helga M(aria) Novak (1935 Berlin)

– *Das Westend wird abgerissen.* S. 155

Aus: Wohnhaft? Im Westend.

In: Aufenthalt in einem irren Haus. Gesammelte Prosa, Frankfurt a. M. 1995. S. 91

Emine Sevgi Özdamar (1946 Malatya, Türkei)

– *Reiner erzählte.* S. 59

In: Seltsame Sterne starren zur Erde. Wedding – Pankow 1976/77, 2. Aufl., Köln 2008. S. 53

Boris Leonidowitsch Pasternak (1890 Moskau – 1960 Peredelkino b. Moskau)

– *Alles war ungewöhnlich.* S. 2

Aus: Menschen und Standorte. Autobiographische Skizze.

In: Luftwege. Ausgewählte Prosa. Herausgegeben von Karlheinz Kaspar. Aus dem Russischen übertragen von Elke Erb, Marga Erb, Roland Erb, Hans Loose und Oskar Törne, Leipzig 1986. S. 327

Ulrich Peltzer (1956 Krefeld)

– *Aus der Luft erinnert alles an ein Modell.* S. 117 f.

In: Teil der Lösung, Reinbek b. Hamburg 2009. S. 14 f.

Theodor Plievier (1892 Berlin? – 1955 Avegno b. Lugano)

– *Es war nicht mehr ihr Hof.* S. 71

In: Berlin, München Wien Basel, 1958. S. 150 f.

Wilhelm Raabe (1831 Eschershausen, Weserbergland – 1910 Braunschweig)

– *An einem ziemlich eleganten Schneiderladen (Herrenmoden) vorbei.* S. 44 f.

Aus: Die Akten des Vogelsangs.

In: Raabes Werke in fünf Bänden. Ausgewählt und eingeleitet von Anneliese Klingenberg. Fünfter Band, 2. Aufl., Weimar 1976. S. 234 f.

– *Seit meinen Studentenjahren.* S. 45

In: Ebd. S. 355

– *Auf der Sophienkirche schlägt's jetzt!* S. 136 f.

Aus: Die Chronik der Sperlingsgasse.

In: Raabes Werke in fünf Bänden. Ausgewählt und eingeleitet von Anneliese Klingenberg. Erster Band, 2. Aufl., Weimar 1976. S. 3

– *Die Sperlingsgasse ist ein kurzer, enger Durchgang.* S. 137

In: Ebd. S. 9

Sven Regener (1961 Bremen)
– *Sie hat aber auch einen besonders schönen Körper gehabt.* S. 118 f.
In: Herr Lehmann, 29. Aufl., München 2003. S. 66 f.

Johann Friedrich Reichardt (1752 Königsberg – 1814 Giebichenstein, Halle/Sa.)
– *Das Opernhaus.* S. 18 f.
Aus: Berlin. Briefe eines Reisenden an seinen Freund in M** Zweiter Brief, den 3ten 1785.
In: Deutschland. Eine Zeitschrift. Herausgegeben von Johann Friedrich Reichardt. Auswahl. Herausgegeben und mit einer Studie „Die Zeitschrift Deutschland" im Kontext von Reichardts Publizistik von Gerda Heinrich, Leipzig 1989. S. 26 f.

Joseph Roth (1894 Brody, Galizien – 1939 Paris)
– *Um elf Uhr nachts sieht die Mulackstraße aus.* S. 105
Aus: In der Mulackstraße. Nächte in Kaschemmen (II).
In: Berliner Saisonbericht. Unbekannte Reportagen und journalistische Arbeiten 1920–39. Herausgegeben und mit einem Vorwort von Klaus Westermann, Köln 1984. S. 129 f.

René Schickele (1883 Oberehnheim, Elsass – 1940 Vence b. Nizza)
– *Mitte Mai betrat die Sonne um sieben Uhr das Frühstückszimmer.* S. 120 f.
In: Symphonie für Jazz, Frankfurt a. M. 1984. S. 28

Viktor Borissowitsch Schklowski (1893 St. Petersburg – 1984 Leningrad)
– *Die Russen in Berlin.* S. 88
Aus: Zoo oder Briefe nicht über die Liebe.
In: Es war einmal. Zoo oder Briefe nicht über die Liebe. Autobiographische Erzählungen. Aus dem Russischen von Elena Panzig. Mit einer Nachbemerkung von Nyota Thun, Berlin 1976. S. 269

Carl Ludwig Schleich (1859 Stettin – 1922 Berlin)
– *Wie schön waren diese Abende.* S. 152 f.
In: Besonnte Vergangenheit. Lebenserinnerungen 1859–1919, 416.–463. Tausend der Gesamtauflage, Berlin o. J. S. 475 ff.

Peter Schneider (1940 Lübeck)
– *Auf dem Westberliner Stadtplan läßt sich die Mauer kaum finden.* S. 21
In: Der Mauerspringer, 5. Aufl., Reinbek b. Hamburg 2006. S. 12

Wolfdietrich Schnurre (1920 Frankfurt a. M. – 1989 Kiel)
– *[…] und nu lag die Wörthstraße vor mir.* S. 135
In: Ein Unglücksfall, Berlin und Weimar 1983. S. 129 f.

Gershom Scholem [d. i. Gerhard Scholem] (1897 Berlin – 1982 Jerusalem)
– *In meinem neunten Jahr zogen wir 1906.* S. 112 f.
In: Von Berlin nach Jerusalem. Jugenderinnerungen. Aus dem Hebräischen von Michael Brocke und Andrea Schatz, Frankfurt a. M. 1997. S. 18 f.

Torsten Schulz (1959 Berlin)
– *Keine Viertelstunde und wir waren an der Karl-Marx-Allee.* S. 75 f.
In: Boxhagener Platz, Berlin 2010. S. 6

Carl Schurz (1829 Liblar b. Köln – 1906 New York)
– *Das Zuchthaus lag in der Mitte der Stadt.* S. 161 f.
In: Gottfried Kinkels Befreiung aus dem Zuchthaus zu Spandau. Mit Vorwort von H. H. Houben und Federzeichnungen von Eugen Dzimirski, Rudolstadt o. J. S. 54 f.

HEINRICH SEIDEL (1842 Perlin, Mecklenburg – 1906 Groß-Lichterfelde, Berlin)
– *Vor einigen zwanzig Jahren sah die Chausseestraße in Berlin anders aus.* S. 33 f.
In: Leberecht Hühnchen, Schwerin 1963. S. 18

ERWIN STRITTMATTER (1912 Spremberg – 1994 Schulzenhof b. Dollgow)
– *Nach der Vorstellung gingen sie zu Fuß zum Adlon.* S. 67 f.
In: Der Wundertäter. Dritter Band, Berlin und Weimar 1980. S. 398 f.

GABRIELE TERGIT [d. i. Elise Hirschmann, verh. Reifenberg] (1894 Berlin – 1982 London)
– *Der Dönhoffplatz!* S. 41
In: Käsebier erobert den Kurfürstendamm, Frankfurt a. M. 1978. S. 5 f.

PETER WEISS (1916 Nowawes, Potsdam – 1982 Stockholm)
– *Hier, in einem der niedrigen langgestreckten Ziegelsteingebäude in der Heidestraße.* S. 62
In: Die Ästhetik des Widerstands, Frankfurt a. M. 1985. S. 16

PAUL WESTHEIM (1886 Eschwege – 1963 Berlin)
– *Der Architekt Sagebiel.* S. 26 f.
Aus: Karton mit Säulen.
In: Karton mit Säulen. Antifaschistische Kunstkritik. Herausgegeben und mit einem Nachwort versehen von Tanja Frank, Leipzig und Weimar 1985. S. 147 ff.

BRUNO WILLE (1860 Magdeburg – 1928 Aeschach b. Lindau am Bodensee)
– *Die weite Fläche da vor mir ist der Müggelsee.* S. 60
In: Das Gefängnis zum Preußischen Adler. Eine selbsterlebte Schildbürgerei. Mit einem Nachwort von Jürgen Scharnhorst, Berlin 1987. S. 19 f.

CHRISTA WOLF, geb. Ihlenfeld (1929 Landsberg a. d. Warthe)
– *Unter den Linden bin ich immer gerne gegangen.* S. 146 f.
Aus: Unter den Linden.
In: Unter den Linden. Drei unwahrscheinliche Geschichten. Mit 3 Illustrationen von Harald Metzkes, Berlin und Weimar 1973. S. 7 f.

CHRISTINE WOLTER, geb. Hopp (1939 Königsberg)
– *Das Alte Museum auf der anderen Straßenseite.* S. 109
Aus: Wegstück.
In: Areopolis. Erzählungen, Berlin und Weimar 1985. S. 5 f.

ARNOLD ZWEIG (1887 Glogau, Schlesien – 1968 Berlin)
– *Der Briefträger Schmielinsky.* S. 24 f.
Aus: Junge Frau von 1914.
In: Ausgewählte Werke in Einzelausgaben. Band II, 13. Aufl., Berlin und Weimar 1967. S. 9

Personenregister

Ortsregister

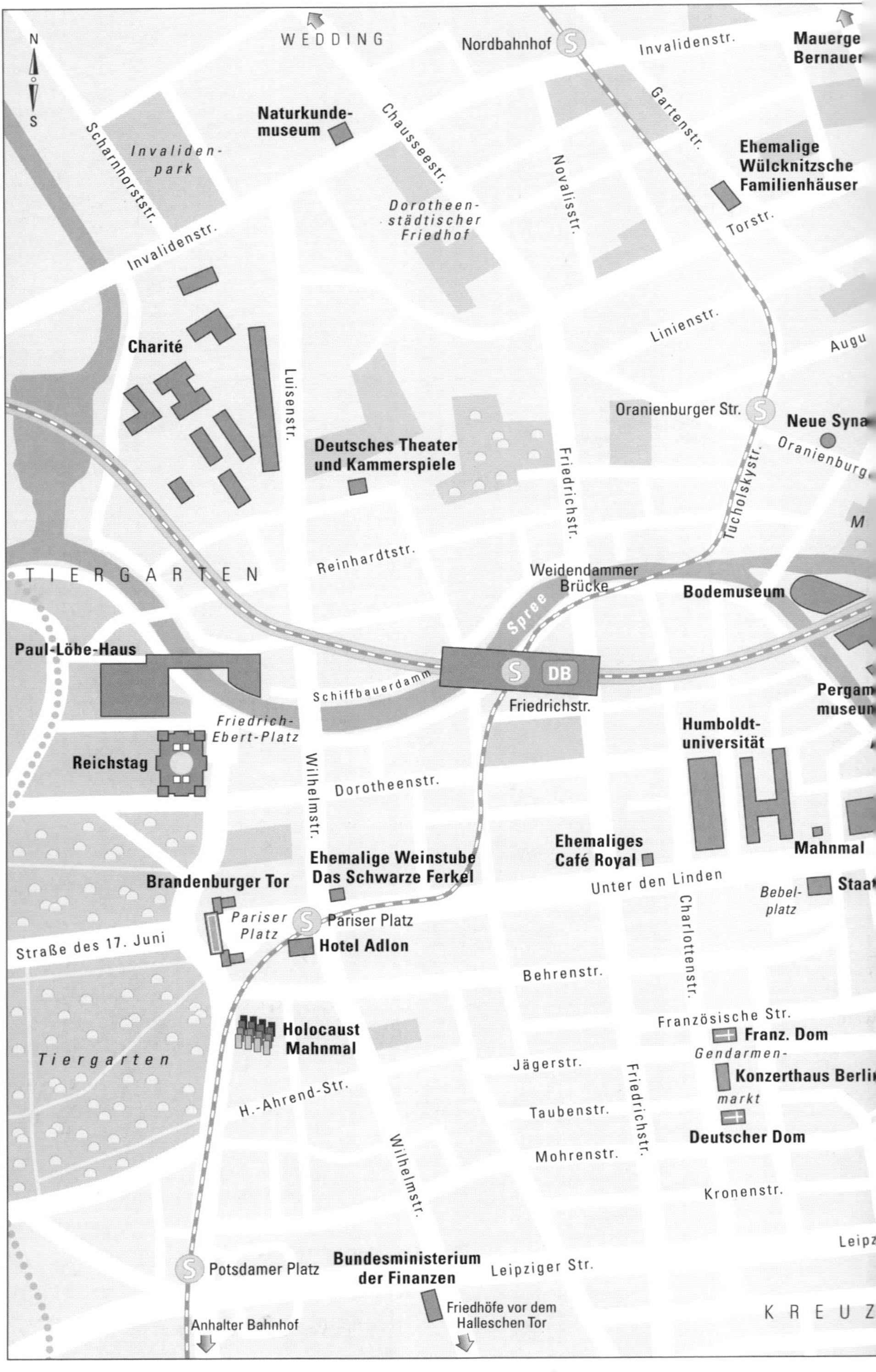

N
S
WEDDING
Nordbahnhof
Invalidenstr.
Mauerge
Bernauer
Naturkunde-
museum
Chausseestr.
Gartenstr.
Scharnhorststr.
Invaliden-
park
Novalisstr.
Ehemalige
Wülcknitzsche
Familienhäuser
Dorotheen-
städtischer
Friedhof
Torstr.
Invalidenstr.
Linienstr.
Augu
Charité
Luisenstr.
Oranienburger Str.
Neue Syna
Oranienburg
Deutsches Theater
und Kammerspiele
Friedrichstr.
Tucholskystr.
M
Reinhardtstr.
TIERGARTEN
Weidendammer
Brücke
Bodemuseum
Spree
Paul-Löbe-Haus
DB
Schiffbauerdamm
Friedrichstr.
Pergam
museun
Friedrich-
Ebert-Platz
Humboldt-
universität
Reichstag
Wilhelmstr.
Dorotheenstr.
Ehemaliges
Café Royal
Mahnmal
Ehemalige Weinstube
Das Schwarze Ferkel
Brandenburger Tor
Unter den Linden
Bebel-
platz
Staa
Charlottenstr.
Pariser
Platz
Pariser Platz
Straße des 17. Juni
Hotel Adlon
Behrenstr.
Französische Str.
Holocaust
Mahnmal
Franz. Dom
Gendarmen-
Tiergarten
Jägerstr.
Konzerthaus Berli
H.-Ahrend-Str.
markt
Taubenstr.
Friedrichstr.
Deutscher Dom
Wilhelmstr.
Mohrenstr.
Kronenstr.
Leipz
Potsdamer Platz
Bundesministerium
der Finanzen
Leipziger Str.
Friedhöfe vor dem
Halleschen Tor
KREUZ
Anhalter Bahnhof